Andrea Hiltl/Stephanie Heigl

Meine Sachaufgaben-rallye

Motivierende Materialien und Kopiervorlagen für die 3. Klasse

Auer Verlag GmbH

Gedruckt auf umweltbewusst gefertigtem, chlorfrei gebleichtem
und alterungsbeständigem Papier.

1. Auflage. 2007
Nach den seit 2006 amtlich gültigen Regelungen der Rechtschreibung
© by Auer Verlag GmbH, Donauwörth
Alle Rechte vorbehalten
Das Werk und seine Teile sind urheberrechtlich geschützt. Jede Nutzung in
anderen als den gesetzlich zugelassenen Fällen bedarf der vorherigen schriftlichen
Einwilligung des Verlages. Hinweis zu § 52 a UrhG: Weder das Werk noch seine
Teile dürfen ohne eine solche Einwilligung eingescannt und in ein Netzwerk eingestellt
werden. Dies gilt auch für Intranets von Schulen und sonstigen Bildungseinrichtungen.
Illustrationen: Julia Flasche
Gesamtherstellung: Ludwig Auer GmbH, Donauwörth
ISBN 978-3-403-04553-3

www.auer-verlag.de

Inhalt

Vorwort	4
Einführung für den Lehrer	5
Einführungsstunde „Wie löse ich eine Sachaufgabe?"	6
Kopiervorlagen	18

1.   **Rund um den Schulanfang** 18
        Wiederholung plus und minus bis 100 – ohne Zehnerübergang 18
        Wiederholung plus und minus bis 100 – mit Zehnerübergang 21

STOPP 1:   **Wir wissen** 24

2.   **Menschen arbeiten** 25
        Anwendung der 1 × 1-Reihen 25
        Anwendung der 1 × 1-Reihen und plus/minus 28

STOPP 2:   **Wir fragen** 31

3.   **Die Rennfahrer meistern Zahlenrätsel** 32
        Zahlenrätsel im Zahlenraum bis 100 32
        Zahlenrätsel im Zahlenraum bis 1000 35

PANNENHILFE 1:   **Rechensprache** 36

4.   **Wir kaufen ein** 38
        Anwendung der Größen Euro und Cent 38

STOPP 3:   **Wir planen** 44

5.   **In der Bäckerei** 45
        Aufgaben im Zahlenraum bis 1000 45

6.   **Strom kostet Geld** 51
        Schriftlich zusammenzählen und abziehen im Zahlenraum bis 1000 ... 51

STOPP 4:   **Wir rechnen** 57

7.   **Im Wald** 58
        Malnehmen und teilen mit Zehnerzahlen im Zahlenraum bis 1000 58

PANNENHILFE 2:   **Das muss in meinen Kopf – Größen** 64

8.   **Auf Wanderschaft** 66
        Anwendung der Größe Längen 66

STOPP 5:   **Wir antworten** 72

9.   **Schwere Maschinen** 73
        Anwendung der Größe Gewichte 73

10.   **Bei der Feuerwehr** 79
        Anwendung der Größe Zeit 79

11.   **Auf dem Weg zur Meisterschaft** 85
        Bunt gemischte Sachaufgaben 85

Vorwort

Im Mathematikunterricht müssen wir leider immer wieder feststellen, dass sehr viele unserer Schulkinder mit dem genauen Lesen, Durchdenken und Lösen von Sachaufgaben enorme Probleme haben. Sie arbeiten oberflächlich und sind nicht willens, sich an ein einfaches Rechenkonzept zu halten, das ihnen das logische Denken erleichtern und sie sicher zum richtigen Ergebnis führen soll.

Es gibt im Fachhandel ein breites Angebot an Sachaufgaben. All diese „Rechengeschichten" setzen sich zum Ziel, Rechenoperationen in einen logischen Sachzusammenhang zu verpacken. Unsere Schulkinder sollen so verstehen lernen, dass Rechnen und logisches Denken zum täglichen Leben dazugehören und einem vieles erleichtern, wenn man beides beherrscht. Es ist schade, dass immer noch sehr viele Sachtexte inhaltlich ganz und gar nicht der Welt und den Interessensgebieten des Kindes entnommen werden und daher auch nicht motivieren, die richtige Lösung zu finden. So kann Sachrechnen aus kindlicher Sicht sehr schnell zur unnötigen, lästigen Schikane werden, die so schnell wie möglich „aus dem Weg geräumt" werden muss.

Das vorliegende Buch verfolgt daher bestimmte *Zielsetzungen*:
Die Kinder der dritten Jahrgangsstufe sollen *schrittweise an die Bearbeitung von Sachaufgaben herangeführt* werden, wozu ihnen ein *Rechenkonzept* an die Hand gegeben wird, das sie zunehmend verstehen und verinnerlichen sollen. Die *Prinzipien der Wiederholung* und der *bildlichen Veranschaulichung* unterstützen den Lernprozess.
Inhaltlich orientiert sich das vielfältige Angebot an Sachaufgaben an den gültigen Lehrplänen der Grundschulen, sodass sich die Kopiervorlagen das ganze Schuljahr über sehr gut in die schulische und häusliche Arbeit der dritten Jahrgangsstufe eingliedern lassen. Die *Vorgehensweise vom Einfachen zum Komplexen* versteht sich von selbst. Bewusst wurden anspruchsvolle Aufgaben entworfen, um die Schüler zu fordern und zu fördern. Die Themen versichern *eine an der Welt des Kindes orientierte Aufgabenproblematik*. Die klare Strukturierung und die motivierende Verpackung in eine Rechenrallye sollen die Arbeit mit den Sachaufgaben erleichtern und Freude daran wecken.

Wir hoffen, mit dieser Handreichung dazu beitragen zu können, dass auch die schwachen Schülerinnen und Schüler Ihrer Klasse in Zukunft planvoller an Sachaufgaben herangehen und diese zunehmend erfolgreich zu lösen lernen.
Nun bleibt uns nur noch viel Spaß und Erfolg zu wünschen.

Andrea Hiltl

Stephanie Heigl

Einführung für den Lehrer

Im Folgenden erläutern wir den Aufbau des vorliegenden Konzeptes:

Dieses Buch enthält über 100 Sachaufgaben für die dritte Jahrgangsstufe, die in 11 Kapitel unterteilt sind. Dabei bezieht sich nahezu jedes Kapitel auf ein Sachthema. Außerdem behandeln die einzelnen Kapitel je einen anderen mathematischen Schwerpunkt. Zur Motivation der Kinder wurde das Gesamtkonzept unter das Motto eines Autorennens gestellt.

Die Erfahrung hat uns gezeigt, dass die Kinder ein sich ständig wiederholendes Rechenkonzept zum Lösen von Sachaufgaben brauchen, damit sie nicht zu oberflächlich an den Lesetext herangehen.
Wir bezeichnen die Schritte zur sicheren Erschließung einer Sachaufgabe wie folgt:
Schritt 1: Lies und unterstreiche Wichtiges!
Schritt 2: Wir wissen W
Schritt 3: Wir fragen F
Schritt 4: Wir planen P
Schritt 5: Wir rechnen R
Schritt 6: Wir antworten A

Diese 6 Schritte müssen geschult werden. Die Kinder erarbeiten jede Sachaufgabe nach diesem Rechenkonzept.

Damit es von ihnen verinnerlicht wird, haben wir STOPPS (gleichzusetzen mit den Boxenstopps beim Autorennen) eingebaut. Jeder STOPP behandelt schwerpunktmäßig einen Strategieschritt und kann von den Kindern selbstständig zur vertiefenden Übung bearbeitet werden.

Zwei PANNENHILFEN ermöglichen den Kindern in übersichtlicher Form das Begreifen, Lernen und Üben wichtiger mathematischer Fachbezeichnungen und grundlegender Größenumrechnungen. Beide Übersichten eignen sich auch als Plakat zum langfristigen Aushang im Klassenzimmer.

Die einzelnen Kapitel sind nach gleichem Schema aufgebaut. Zur Einführung in die Kapitel könnte man die jeweils erste Aufgabe auf Folie kopieren.
Allen Kopiervorlagen sind die Lösungen beigefügt. Damit eignen diese sich auch hervorragend für die Frei- oder Wochenplanarbeit, für das Stationstraining sowie die Portfolio-Erstellung. Durch die Möglichkeit der Selbstkontrolle wird das eigenverantwortliche, selbstständige Arbeiten gefördert, das die aktuellen Lehrpläne und Leistungsbeobachtungen mehr und mehr einfordern. Dies hilft den Kindern zudem ihr eigenes Arbeitstempo zu finden und ihre Leistungen nach und nach selbst einzustufen. Das schafft Motivation für neue individuelle Zielsetzungen.

Den 11 Kapiteln ist eine Einführungsstunde vorgeschaltet. Sie soll den Kindern die 6 nötigen Strategieschritte verdeutlichen. Die hierfür benötigten Vorlagen (s. S. 9 ff.) sind alle im Buch vorhanden, sollten jedoch beim Kopieren vergrößert werden.
Sinnvoll ist es, bereits nach der Einführungsstunde mit den Kindern ein Sachaufgabenheft anzulegen, da sich die einzelnen Arbeitsblätter auch gut zum Nachschlagen, Üben und Wiederholen eignen. Nicht zuletzt wird den Eltern damit eine nachvollziehbare Übersicht gegeben, wie im Unterricht bei der Erarbeitung von Sachaufgaben vorgegangen wird.

Einführungsstunde „Wie löse ich eine Sachaufgabe?"

(Dauer: ca. 60 Minuten)

Artikulation	Unterrichtsaktivitäten	Sozialformen, Medien
1. Kopfrechnen	Kinder erhalten Arbeitsblatt 1. L: *Rechne dich schnell warm!* Kinder arbeiten zügig.	AB 1 (S. 11) Impuls Einzelarbeit
	Wenn mehr als die Hälfte der Kinder fertig ist, dürfen sie dem Lehrer das Lösungswort zeigen.	Differenzierung: Schnelle Kinder schreiben Umkehraufgaben auf Rückseite AB 1 – Lösungen als Folie (S. 11)
	Kinder nennen Lösungswort: BOXENSTOPP. Lehrer legt zur Kontrolle Folie auf.	Selbstkontrolle
2. Motivation Hinführung zur Aufgabenstellung	Lehrer öffnet Tafelbild 1.	stummer Impuls, TB 1 (S. 8) mit BK 1–6 (S. 9 f.) vorbereitet
	Kinder äußern sich spontan. Sie erklären, was ein Boxenstopp ist, stellen fest: Bei jedem Autorennen sind mehrere Boxenstopps nötig.	
	L: *Sicher findest du eine Rechengeschichte dazu.* Kinder nennen kurze Rechengeschichten zum Bild, andere Kinder rechnen diese Aufgaben.	Impuls
	L: *Ich habe auch eine Sachaufgabe für dich geschrieben.* Lehrer zeigt zunächst nur den Text; Kinder lesen Text still, dann laut vor.	Impuls AB 2 als Folie (S. 12)
	Lehrer zeigt erst fragendes Kind, dann Kind, das antwortet. Kinder äußern sich.	stummer Impuls, AB 2 als Folie (S. 12)
3. Erarbeitung In 6 Schritten zur Lösung	Kinder nennen Zielangabe: Wie löse ich eine Sachaufgabe?	TB 2 (S. 8)
	Lehrer heftet Bildkarte Fahne an die Tafel. Kinder: Wir lesen und unterstreichen Wichtiges! Kinder nennen dies. Lehrer unterstreicht im Text. *Lehrer schaltet Overheadprojektor ab.*	BK 7 (S. 10), TB 3 (S. 8)
	Lehrer heftet Karte „Wir wissen" an Tafel. Kinder nennen Wichtiges. Lehrer zeichnet dies mit.	WK „Wir wissen" (S. 10) TB 3 (S. 8)
	L: *Mich interessiert jetzt etwas, was nicht im Text steht.* Kinder nennen Fragen.	Impuls
	Lehrer heftet Karte „Wir fragen" an Tafel. Lehrer schreibt passende Frage an.	WK „Wir fragen" (S. 10), TB 3 (S. 8)

Artikulation	Unterrichtsaktivitäten	Sozialformen, Medien
	L: *Überlege dir mit deinem Partner, was du rechnen musst. Schaut euch nur unsere Bilder an. Erzählt es euch in Worten.* Kinder arbeiten. Lehrer zeichnet leeren Rechenplan mit Rechenzeichen unter Karte „Wir planen". Kinder füllen und erklären Rechenbaum mit Worten. Lehrer hilft zur Verdeutlichung mit den Bildern von „Wir wissen".	Impuls für Partnerarbeit WK „Wir planen" (S. 10), TB 3 (S. 8)
Sicherung 1	L: *Diese 3 Schritte sind unsere ersten Boxenstopps. Fülle diese noch einmal allein auf dem Arbeitsblatt aus!*	AB 3 (S. 8) Differenzierung: Lehrer arbeitet mit schwachen Schülern nochmals gemeinsam an der Tafel
	L: *Jetzt schaffst du die Rechnungen schnell.* Qualitative Differenzierung: Je nach Leistungen rechnen die Kinder so früh wie möglich selbstständig weiter. Kinder nennen richtige Rechnungen. L: *Gleich fahren wir ins Ziel. Es fehlt aber noch etwas.* Kinder nennen Antwort. Lehrer schreibt passende Antwort unter Karte „Wir antworten".	Impuls Stehkreis um Tafel WK „Wir rechnen" (S. 10), TB 3 (S. 8) TB 3 (S. 8) Impuls WK „Wir antworten" (S. 10) TB 3 (S. 8)
Sicherung 2	Kinder füllen Arbeitsblatt 3 fertig aus.	AB 3 (S. 13)
4. Vertiefung	Lehrer heftet Plakat „Unsere Sachaufgabenrallye" an. Kinder erkennen, dass bei den Boxenstopps etwas fehlt. Lehrer heftet Bildkarte Fahne und Wortkarten in Kurzform ungeordnet an Tafel. Kinder besprechen die Reihenfolge der STOPPS und ergänzen Plakat damit. L: *Sag deinem Partner, was bei jedem Stopp genau zu tun ist. Wechselt euch ab!*	Plakat (S. 8) auf TB 4 (S. 15) BK 7 (S. 10), WK in Kurzform (S. 10) Partnerarbeit
5. Hausaufgabe	L: *Als Hausaufgabe lernst du die sechs Schritte auswendig!*	Arbeitsauftrag für nächste Sachaufgabenstunde

Ausblick: In der Motivationsphase der 2. Stunde erhalten die Kinder das Titelblatt „Unsere Sachaufgabenrallye" (S. 16) für ihr Heft und je ein Kuvert mit Wortkarten zu den Boxenstopps (S. 17) zum eigenständigen Ordnen und Aufkleben. Danach dürfen die Kinder ihr persönliches Titelblatt mit Rennautos und Rennfahrern verzieren. Das fertige Plakat der Vorstunde dient als Kontrolle und wird im Klassenzimmer für den Rest des Schuljahres als Merkstütze aufgehängt.
Nun folgen die Aufgaben der einzelnen Kapitel.

TB 1–4: Geplantes Tafelbild

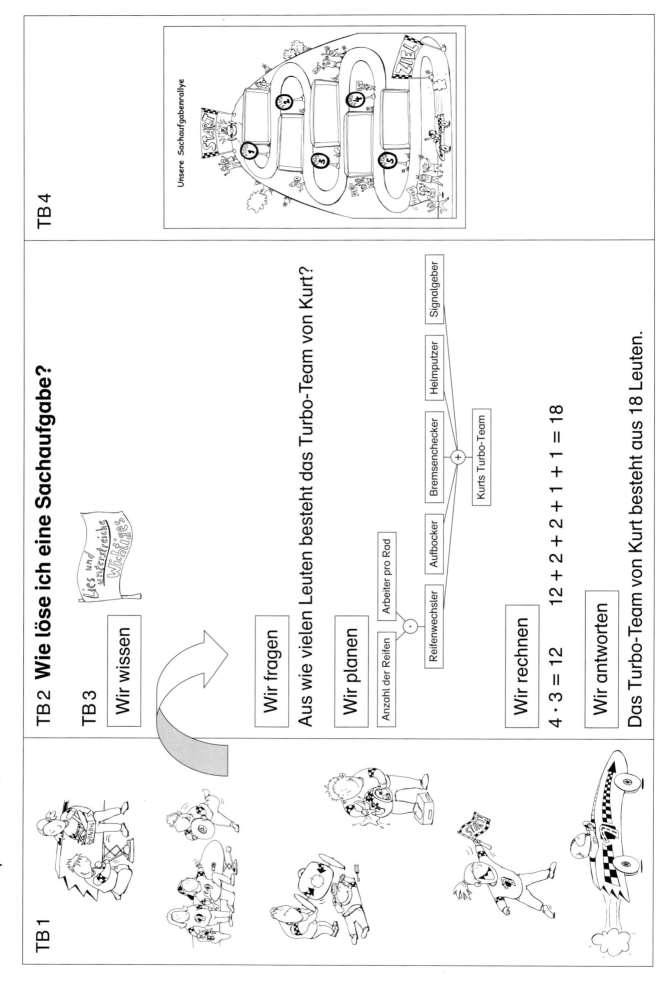

BK 1–5: Bildkarten 1–5

BK 6–7: Bildkarten 6–7

WK und WK in Kurzform

Wir wissen:	W
Wir fragen:	F
Wir planen:	P
Wir rechnen:	R
Wir antworten:	A

AB 1: Arbeitsblatt 1

Findest du das Lösungswort?

Jedes Ergebnis hat einen Lösungsbuchstaben. Trage nach dem Rechnen die Buchstaben der Reihenfolge nach in das Lösungskästchen ein.

3 · 5 = ☐

☐ · 2 = 16

24 : 4 = ☐

82 + 17 = ☐

9 · ☐ = 36

☐ : 10 = 7

63 − 25 = ☐

5 · 5 − 17 = ☐

2 · 3 + 12 = ☐

5 · 10 − ☐ = 32

4	6	8	15	18	38	70	99
N	X	O	B	P	T	S	E

Lösungswort

___ ___ ___ ___ ___ ___ ___ ___ ___ ___

AB 1: Arbeitsblatt 1 – Lösung

Findest du das Lösungswort?

Jedes Ergebnis hat einen Lösungsbuchstaben. Trage nach dem Rechnen die Buchstaben der Reihenfolge nach in das Lösungskästchen ein.

3 · 5 = 15

8 · 2 = 16

24 : 4 = 6

82 + 17 = 99

9 · 4 = 36

70 : 10 = 7

63 − 25 = 38

5 · 5 − 17 = 8

2 · 3 + 12 = 18

5 · 10 − 18 = 32

4	6	8	15	18	38	70	99
N	X	O	B	P	T	S	E

Lösungswort

B O X E N S T O P P

AB 2: Arbeitsblatt 2

Wie löse ich eine Sachaufgabe?

Das Turbo-Team von Kurt Kurvenflitzer arbeitet bei jedem Boxenstopp fleißig. Nur wenige Sekunden sind Zeit und es kommt auf schnelle Handgriffe an. Deshalb stehen an jedem Rad 3 Leute für den Reifenwechsel. 2 weitere bocken den Wagen auf und 2 überprüfen die Bremsen.
Ein Junge reinigt Kurts Helm und ein Mädchen gibt das Zeichen zur Weiterfahrt.

Was soll ich da rechnen?

Mach mit! Mit meinem Geheimrezept für Sachaufgaben kriegst du die Kurve und kommst schnell ans Ziel. Du musst nur gut aufpassen!

AB 3: Arbeitsblatt 3

Das Rennen beginnt, ich mache es dir vor

START

Das Turbo-Team von Kurt Kurvenflitzer arbeitet bei jedem Boxenstopp fleißig. Nur wenige Sekunden sind Zeit und es kommt auf schnelle Handgriffe an.
Deshalb stehen an jedem Rad 3 Leute für den Reifenwechsel. 2 weitere bocken den Wagen auf und 2 überprüfen die Bremsen.
Ein Junge reinigt Kurts Helm und ein Mädchen gibt das Zeichen zur Weiterfahrt.

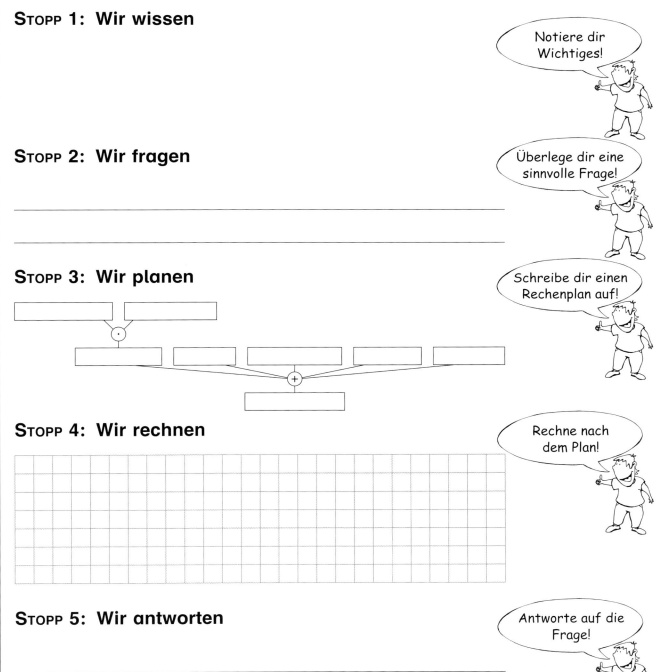

AB 3: Arbeitsblatt 3 – Lösung

Das Rennen beginnt, ich mache es dir vor

START

Das Turbo-Team von Kurt Kurvenflitzer arbeitet bei jedem Boxenstopp fleißig. Nur wenige Sekunden sind Zeit und es kommt auf schnelle Handgriffe an.
Deshalb stehen an jedem Rad 3 Leute für den Reifenwechsel. 2 weitere bocken den Wagen auf und 2 überprüfen die Bremsen.
Ein Junge reinigt Kurts Helm und ein Mädchen gibt das Zeichen zur Weiterfahrt.

Stopp 1: Wir wissen

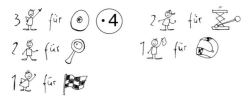

 Notiere dir Wichtiges!

Stopp 2: Wir fragen

Aus wie vielen Leuten besteht das Turbo-Team von Kurt?

Überlege dir eine sinnvolle Frage!

Stopp 3: Wir planen

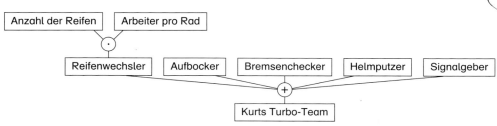

Schreibe dir einen Rechenplan auf!

Stopp 4: Wir rechnen

4	·	3	=	1	2							
1	2	+	2	+	2	+	1	+	1	=	1	8

 Rechne nach dem Plan!

Stopp 5: Wir antworten

Das Turbo-Team von Kurt besteht aus 18 Leuten.

 Antworte auf die Frage!

Plakat

Unsere Sachaufgabenrallye

Titelblatt

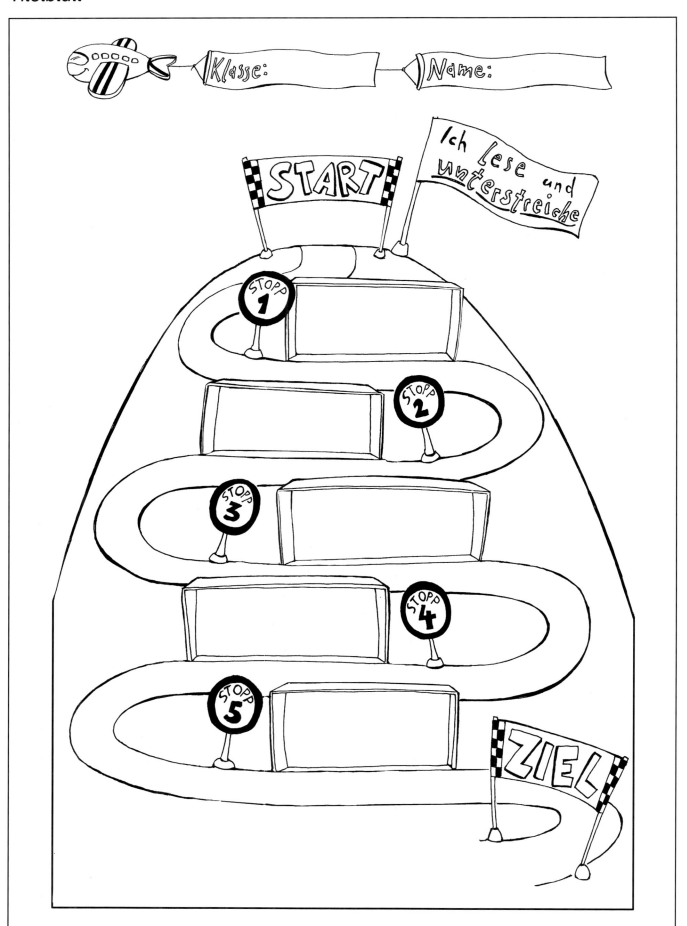

Wortkarten für das Titelblatt

W Wir wissen. Ich notiere Wichtiges!	**W** Wir wissen. Ich notiere Wichtiges!	**W** Wir wissen. Ich notiere Wichtiges!
F Wir fragen. Ich überlege!	**F** Wir fragen. Ich überlege!	**F** Wir fragen. Ich überlege!
P Wir planen. Ich schreibe einen Rechenplan auf!	**P** Wir planen. Ich schreibe einen Rechenplan auf!	**P** Wir planen. Ich schreibe einen Rechenplan auf!
R Wir rechnen. Ich rechne nach dem Plan!	**R** Wir rechnen. Ich rechne nach dem Plan!	**R** Wir rechnen. Ich rechne nach dem Plan!
A Wir antworten. Ich antworte auf die Frage!	**A** Wir antworten. Ich antworte auf die Frage!	**A** Wir antworten. Ich antworte auf die Frage!
W Wir wissen. Ich notiere Wichtiges!	**W** Wir wissen. Ich notiere Wichtiges!	**W** Wir wissen. Ich notiere Wichtiges!
F Wir fragen. Ich überlege!	**F** Wir fragen. Ich überlege!	**F** Wir fragen. Ich überlege!
P Wir planen. Ich schreibe einen Rechenplan auf!	**P** Wir planen. Ich schreibe einen Rechenplan auf!	**P** Wir planen. Ich schreibe einen Rechenplan auf!
R Wir rechnen. Ich rechne nach dem Plan!	**R** Wir rechnen. Ich rechne nach dem Plan!	**R** Wir rechnen. Ich rechne nach dem Plan!
A Wir antworten. Ich antworte auf die Frage!	**A** Wir antworten. Ich antworte auf die Frage!	**A** Wir antworten. Ich antworte auf die Frage!

1. Rund um den Schulanfang (1)
Wiederholung plus und minus bis 100 – ohne Zehnerübergang

Am Feldweg hat Benny 69 Steine gesammelt. Leider konnte er nicht alle mit nach Hause nehmen. 17 davon hat er zurückgelassen.

 Wir wissen:

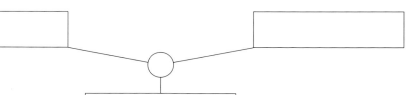

 Wir fragen:

___

 Wir planen:

 Wir rechnen:

Wir antworten:

___

Lösung:
F: Wie viele Steine hat Benny mitgenommen?
R: 69 − 17 = 52
A: Benny hat 52 Steine mitgenommen.

Rund um den Schulanfang (2)
Wiederholung plus und minus bis 100 – ohne Zehnerübergang

Für seinen Urlaub hat Luca 18 € gespart. Er gab für ein Andenken 7 € aus.

W Wir wissen:

F Wir fragen:

P Wir planen:

R Wir rechnen:

A Wir antworten:

Lösung:
F: Wie viel Geld hat er noch übrig?
R: 18 € − 7 € = 11 €
A: Er hat noch 11 € übrig.

Klasse: Name:

Rund um den Schulanfang (3)
Wiederholung plus und minus bis 100 – ohne Zehnerübergang

Schneide die Aufgaben aus und klebe sie in dein Sachaufgabenheft. Rechne sie dort aus.

1. Im Zeltlager gab es zwei große Zelte. Eines für die 14 Jungen, eines für die 15 Mädchen.

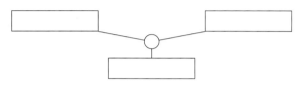

2. Wir sind mit dem Auto in den Urlaub gefahren. Bis zur Pause fuhren wir 21 km. Bis zum Urlaubsort mussten wir noch mal das Doppelte fahren.

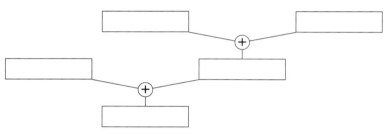

3. In der Schule waren im Schuljahr davor 78 Kinder. 32 Kinder sind in die weiterführende Schule gekommen. 43 Erstklässler kommen in diesem Schuljahr hinzu.

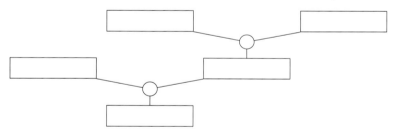

Lösung:

1. F: Wie viele Kinder waren im Zeltlager?
   R: 14 + 15 = 29
   A: Es waren 29 Kinder im Zeltlager.

2. F: Wie weit sind wir insgesamt bis zum Urlaubsort gefahren?
   R: 21 km + 21 km = 42 km (Strecke nach der Pause)
   21 km + 42 km = 63 km (Gesamtstrecke)
   A: Wir sind 63 km gefahren.

3. F: Wie viele Kinder sind in diesem Schuljahr in der Schule?
   R: 78 − 32 = 46 (Kinder, die bleiben)
   46 + 43 = 89 (Kinder des aktuellen Schuljahres)
   A: In diesem Schuljahr sind 89 Kinder in der Schule.

Rund um den Schulanfang (4)
Wiederholung plus und minus bis 100 – mit Zehnerübergang

Wir haben drei Radtouren gemacht. Am ersten Tag sind wir 32 km, am zweiten Tag 19 km gefahren. Insgesamt fuhren wir 100 km.

W Wir wissen:

    1. Tag   2. Tag

    Gesamtstrecke

F Wir fragen:

P Wir planen:

Gesamtstrecke

R Wir rechnen:

A Wir antworten:

Lösung:

F: Wie viele Kilometer sind wir am 3. Tag gefahren?

R: 32 km + 19 km = 51 km   100 km − 51 km = 49 km

A: Wir sind am 3. Tag 49 km gefahren.

Rund um den Schulanfang (5)
Wiederholung plus und minus bis 100 – mit Zehnerübergang

Im Bus haben 58 Kinder Platz. An der ersten Haltestelle steigen 19 Kinder ein. An der zweiten Haltestelle stehen noch 22 Kinder.

W Wir wissen:

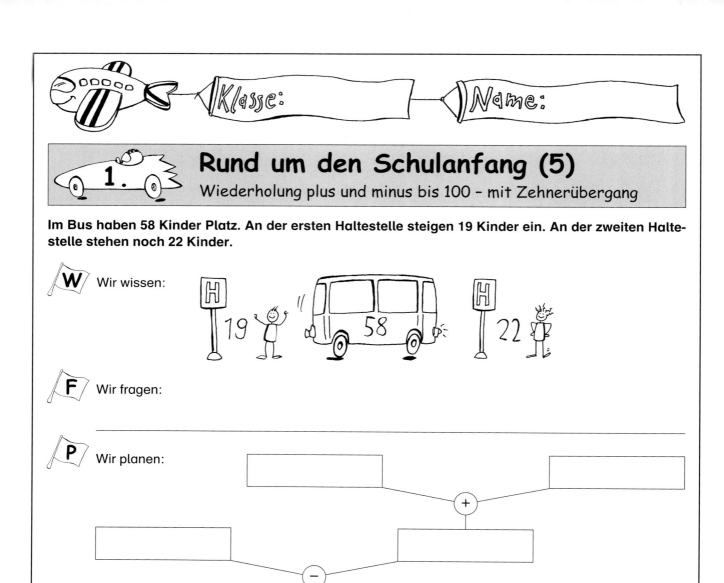

F Wir fragen:

P Wir planen:

R Wir rechnen:

A Wir antworten:

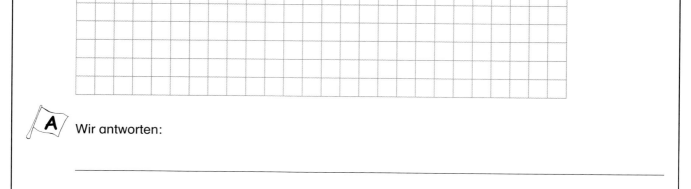

Lösung:
F: Wie viele Plätze sind noch frei?
R: 19 + 22 = 41   58 − 41 = 17
A: Es sind noch 17 Plätze frei.

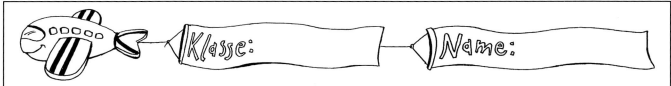

Rund um den Schulanfang (6)
Wiederholung plus und minus bis 100 – mit Zehnerübergang

 Schneide die Aufgaben aus und klebe sie in dein Sachaufgabenheft. Rechne sie dort aus.

1. Mutter will im Schreibwarengeschäft Bücher zu 45 € und Hefte zu 29 € kaufen. Sie hat 91 € im Geldbeutel.

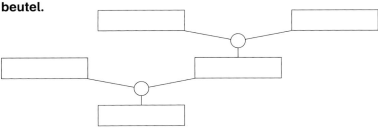

2. In der dreigeteilten Turnhalle sind am Mittwoch drei Klassen. In der ersten Halle toben 24 Kinder, in der zweiten Halle 27 Kinder und in der dritten 26 Kinder.

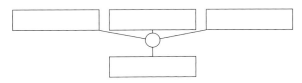

3. Im Zimmer der Klasse 3a liegen zu Schuljahresbeginn 34 Mathebücher bereit. Die Klassensprecher sollen 7 Bücher mit fehlenden Seiten in die Bücherausgabe zurückbringen. Von dort müssen sie aber wieder 4 neue mitnehmen, damit ausreichend Bücher für die ganze Klasse vorhanden sind.

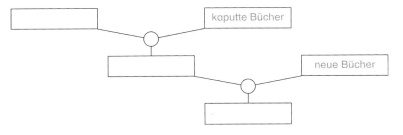
kaputte Bücher
neue Bücher

Lösung:

1. F: Wie viel Geld hat Mutter noch nach dem Einkauf?
R: 45 € + 29 € = 74 € *(Kosten der Ware)*   91 € − 74 € = 17 € *(Restgeld)*
A: Sie hat nach dem Einkauf noch 17 €.

2. F: Wie viele Kinder sind in der ganzen Halle?
R: 24 + 27 + 26 = 77
A: 77 Kinder sind in der ganzen Turnhalle.

3. F: Wie viele Bücher braucht die ganze Klasse?
R: 34 − 7 = 27 *(brauchbare Bücher)*   27 + 4 = 31 *(benötigte Bücher)*
A: Die Klasse benötigt 31 Bücher.

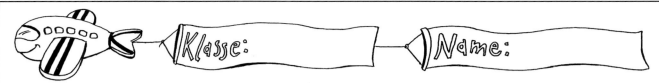

Klasse: _____   Name: _____

STOPP 1: Wir wissen

Welche Zeichnung passt zur Aufgabe? Schau genau!
Unterstreiche in jeder Aufgabe, was wichtig ist.
Formuliere die richtige Frage.

1. Der Klassensprecher der Klasse 3b muss heute beim Anstellen die Kinder zählen. Er zählt 12 Mädchen und 13 Jungen.

 **R**   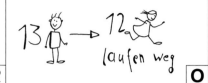 **O**

 F _____

2. Maxi nimmt 33 Äpfel mit in die Schule. In der Klasse sitzen 25 Kinder. Jedes Kind bekommt einen Apfel. Das übrige Obst bringt er dem Hausmeister.

 **A**    **P**

 F _____

3. Benni geht jeden Morgen 3 km zur Schule. Wie viele Kilometer muss er in der Woche gehen?

Mo → 3 km Di → 3 km Mi → 3 km Do → 3 km Fr → 3 km **S**	Mo 3km + 3km Di 3km + 3km Mi 3km + 3km Do 3km + 3km Fr 3km + 3km **M**

4. Emily gibt für ihre neuen Schulhefte 14 Euro aus. Mutter hat ihr 20 Euro mitgegeben.

  **I**    **B**

F _____

5. Das Schwimmbecken der Schule ist 25 Meter lang. Laurenz schafft ohne Pause 3 Bahnen.

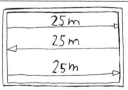 **A**   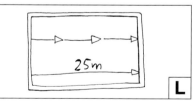 **L**

 F _____
_____

Wenn du die Lösungsbuchstaben in die richtige Reihenfolge bringst, erhältst du das Lösungswort:

___ ___ ___ ___ ___ !

Merke: Wenn du dir zu deiner Sachaufgabe Wichtiges notierst, genügt eine einfache Zeichnung. Sie ist nur für dich, damit du die Aufgabe besser verstehst.

Menschen arbeiten (1)
Anwendung der 1x1-Reihen

Peter hat sich Taschengeld verdient. In seiner Spardose sind 8 Fünf-Euro-Scheine.

W Wir wissen:

F Wir fragen:

P Wir planen:

R Wir rechnen:

A Wir antworten:

Lösung:
F: Wie viel Geld hat sich Peter verdient?
R: 8 · 5 € = 40 €
A: Peter hat 40 € verdient.

Klasse: Name:

Menschen arbeiten (2)
Anwendung der 1 × 1-Reihen

Susi verkauft am Schulfest drei selbst gefilzte Bälle für je 4 €.

W Wir wissen:

F Wir fragen:

P Wir planen:

R Wir rechnen:

A Wir antworten:

Lösung:
F: Wie viel Geld hat Susi eingenommen?
R: 3 · 4€ = 12€
A: Sie hat 12€ eingenommen.

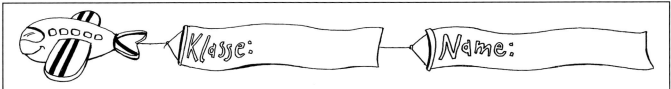

Menschen arbeiten (3)
Anwendung der 1 x 1-Reihen

Schneide die Aufgaben aus und klebe sie in dein Sachaufgabenheft. Rechne sie dort aus.

1. In der Turnhalle sind 24 Kinder. Die Lehrerin möchte, dass sich die Kinder in vier gleich große Gruppen aufteilen.

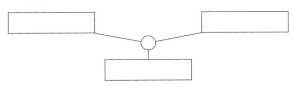

2. Du hast 49 Strohhalme. Für einen Stern brauchst du 7 Halme.

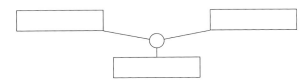

3. Frau Klick hilft Familie Schweiger ein Mal in der Woche 3 Stunden im Haushalt. Für eine Stunde verlangt sie 8 €. Im Monat kommt sie viermal.

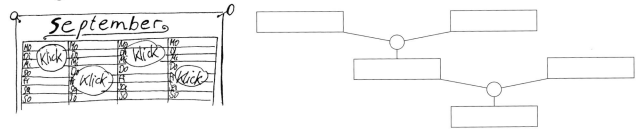

Lösung:

1. F: Wie viele Kinder sind in jeder Gruppe?
   R: 24 : 4 = 6
   A: In jeder Gruppe sind 6 Kinder.

2. F: Wie viele Sterne kannst du basteln?
   R: 49 : 7 = 7
   A: Du kannst 7 Sterne basteln.

3. F: Wie viel Geld bekommt Frau Klick im Monat von Familie Schweiger?
   R: 3 · 8 € = 24 € (Verdienst pro Woche)
   24 € · 4 = 24 € + 24 € + 24 € + 24 € = 96 € (Verdienst pro Monat)
   A: Frau Klick bekommt 96 € im Monat.

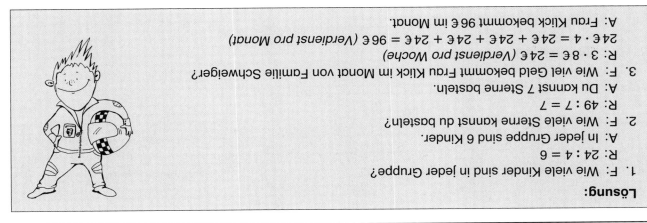

Klasse: _____ Name: _____

Menschen arbeiten (4)
Anwendung der 1 x 1-Reihen und plus/minus

Die Kinder legen im Schulgarten ein neues Tulpenbeet an. Sie haben 23 Tulpenzwiebeln. In eine Reihe stecken sie 5 Stück. Drei bleiben übrig.

W Wir wissen:

F Wir fragen:

P Wir planen:

R Wir rechnen:

A Wir antworten:

Lösung:
F: Wie viele Reihen setzen sie?
R: 23 − 3 = 20 (gesetzte Zwiebeln)   20 : 5 = 4 (Anzahl der Reihen)
A: Sie setzen 4 Reihen.

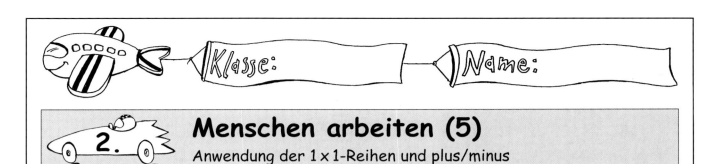

Menschen arbeiten (5)
Anwendung der 1 x 1-Reihen und plus/minus

Die Kinder der Klasse 3d haben 50 Igel aus Tonpapier gebastelt. In der Pausenhalle werden diese an die 6 Fenster gleichmäßig verteilt. Zwei Igel darf sich der Hausmeister in seinen Raum hängen.

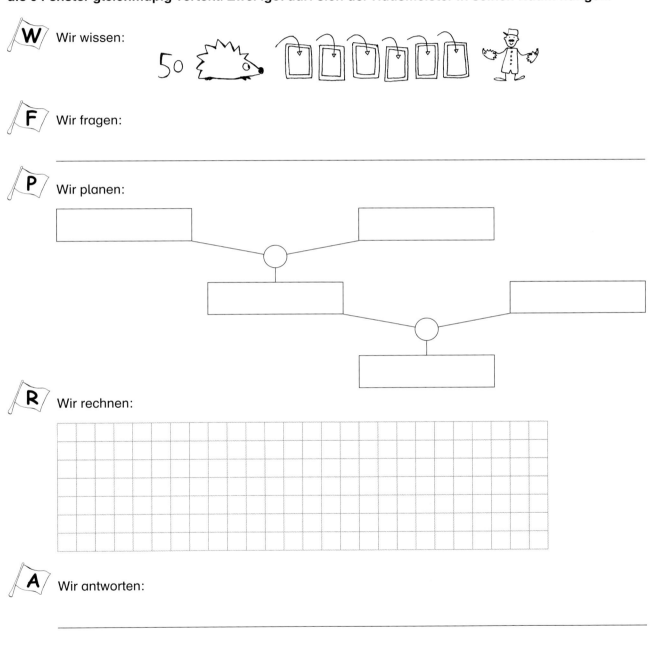

Lösung:

F: Wie viele Igel kommen an ein Fenster?
R: 50 − 2 = 48 (Igel für alle Fenster)   48 : 6 = 8 (Igel für ein Fenster)
A: An jedes Fenster werden 8 Igel geklebt.

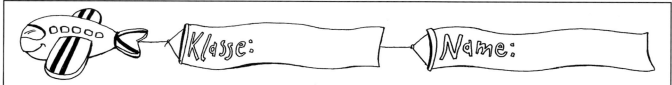

2. Menschen arbeiten (6)
Anwendung der 1 x 1-Reihen und plus/minus

 Schneide die Aufgaben aus und klebe sie in dein Sachaufgabenheft. Rechne sie dort aus.

1. Um die Kleidung ihrer Familie zu bügeln braucht Frau Plank jede Woche 2 Stunden, für das Putzen und Aufräumen 5 Stunden. Als Haushaltshilfe würde sie 8 Euro in der Stunde verdienen.

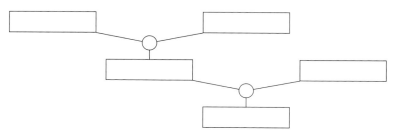

2. Christian und Peter übernehmen diese Woche den Ordnungsdienst. Jeden Tag brauchen sie nach Unterrichtsschluss noch 4 Minuten zum Fegen und 7 Minuten, um den Müll zu leeren.

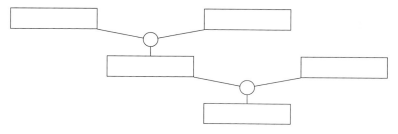

3. Sophie bastelt einen Drachen. Für die Schleifen am Drachenschwanz hat sie drei verschiedene Farben: blau, rot, gelb. Die Farben sollen immer abwechseln. Sie braucht insgesamt 21 Schleifen für den Schwanz und zusätzlich drei blaue für den Drachenkopf.

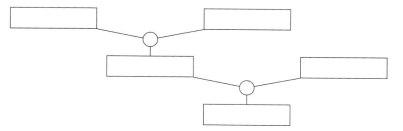

Lösung:

1. F: Wie viel würde Frau Plank jede Woche verdienen?
   R: 2 + 5 = 7 (Arbeitsstunden)   7 · 8 € = 56 € (Verdienst)
   A: Sie würde in der Woche 56 € verdienen.

2. F: Wie viel Freizeit müssen sie in der Woche opfern?
   R: 4 Min. + 7 Min. = 11 Min. (pro Tag)   11 Min. · 5 = 55 Min. (pro Woche)
   A: Sie opfern in der Woche 55 Minuten Freizeit.

3. F: Wie viele blaue Schleifen muss sie basteln?
   R: 21 : 3 = 7 (blaue Schleifen für Drachenschwanz)   7 + 3 = 10 (alle blauen Schleifen)
   A: Sie muss 10 blaue Schleifen basteln.

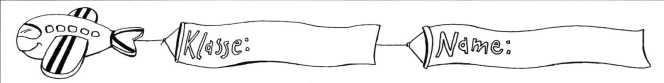

STOPP 2: Wir fragen

Hast du es gemerkt? Es ist gar nicht so leicht, die passende Rechenfrage zu finden. Schließe deine Augen und lass die Rechengeschichte in deinem Kopf als Film ablaufen. Male die passende Rechenfrage rot an.

1. Tim kauft ein Sammelalbum für 3,50 €, ein Auto für 7,50 € und 2 Sticker für je 1 €.

Reicht das Geld? | Wie teuer waren die Sticker insgesamt? | Wie viel Geld gibt Tim aus? | Ist das Auto teurer als die übrigen Sachen?

2. Susi hilft Mama beim Abtrocknen. In der Ablage sind 12 Teller, 11 Suppenteller und 14 Gläser. Mama trocknet davon 4 Teller und 8 Gläser ab.

Wie viele Teile trocknet Papa ab? | Wie viele Teile trocknen Mama und Susi nicht ab? | Wie lange braucht Susi? | Wie viele Teile trocknet Susi ab?

3. Familie Huber gräbt den Garten um. Dabei kommen viele Steine zum Vorschein. Uli sammelt diese in 11 Eimern auf. Von seinem Papa bekommt er für jeden vollen Eimer 2 €.

Wie viele Steine hat Uli gesammelt? | Wie viele Eimer muss Vater noch füllen? | Wie viel Geld hat sich Uli verdient? | Wo schüttet Uli die Steine hin?

4. An den Schultagen braucht Anna täglich 1 Stunde für ihre Hausaufgaben. Am Dienstag und Donnerstag geht sie je 1 Stunde ins Ballet. Montag, Mittwoch und Freitag übt sie jeweils eine halbe Stunde Klavier.

Wie lange übt sie am Tag Klavier? | Wie viel Zeit bleibt ihr in der Woche zum Spielen? | Wie viel Zeit ist für Anna in der Woche fest verplant? | Wie lange braucht Anna, um von der Schule nach Hause zu kommen?

Lösung:
1. Wie viel Geld gibt Tim aus? 2. Wie viele Teile trocknet Susi ab? 3. Wie viel Geld hat sich Uli verdient? 4. Wie viel Zeit ist für Anna in der Woche fest verplant?

Die Rennfahrer meistern Zahlenrätsel (1)
Zahlenrätsel im Zahlenraum bis 100

1. Meine gedachte Zahl ist um 9 größer als 48. Wie heißt meine Zahl?

Notiere dir in der Aufgabe nach dem Unterstreichen die passenden Rechenzeichen:

Meine gedachte Zahl ist um <u>9 größer als 48</u>. Wie heißt meine Zahl?

Prüfe dein Ergebnis mit einer Rechenprobe!

2. Meine gedachte Zahl ist um 19 kleiner als 77. Wie heißt die Zahl?

Denke an das Unterstreichen und die Rechenzeichen in der Aufgabe!

Prüfe dein Ergebnis mit einer Rechenprobe!

3. Wenn ich von meiner gedachten Zahl 24 abziehe, erhalte ich 56. Wie heißt die Zahl?

Du weißt inzwischen, was hier zu tun ist.

Rechne die Umkehraufgabe!

Lösung: 1. 48 + 9 = 57; 2. 77 − 19 = 58; 3. 56 + 24 = 80

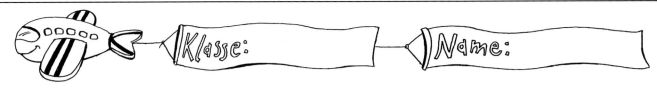

3. Die Rennfahrer meistern Zahlenrätsel (2)
Zahlenrätsel im Zahlenraum bis 100

1. Wenn ich zu meiner gedachten Zahl 32 dazuzähle, erhalte ich 88. Wie heißt meine Zahl?

 Notiere dir in der Aufgabe nach dem Unterstreichen die passenden Rechenzeichen.

Rechne die Umkehraufgabe!

A _____

2. Meine Zahl ist das Doppelte von 28. Wie heißt meine Zahl?

 Notiere nach dem Unterstreichen die passenden Rechenzeichen!

Rechenprobe!

A _____

3. Halbiere meine Zahl und zähle 31 dazu. Du erhältst 64. Wie heißt meine Zahl?

 Kennzeichne im Text!

Nur die Umkehraufgabe hilft dir!

A _____

Lösung: 1. $88 - 32 = 56$; 2. $28 \cdot 2 = 56$; 3. $64 - 31 = 33$ $33 \cdot 2 = 66$

Die Rennfahrer meistern Zahlenrätsel (3)
Zahlenrätsel im Zahlenraum bis 100

1. Wenn ich meine Zahl siebenmal von 100 wegnehme, so bleiben 37 übrig. Wie heißt meine Zahl?

W Notiere dir in der Aufgabe nach dem Unterstreichen die passenden Rechenzeichen.

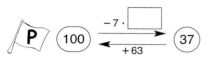

Die Umkehraufgabe hilft dir!

A _____

2. Nimm das Neunfache von 8. Meine Zahl ist um 12 kleiner. Wie heißt meine Zahl?

 Notiere im Text, was du weißt!

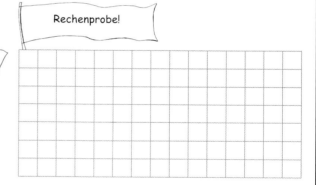

Rechenprobe!

A _____

3. Meine gedachte Zahl ist um 87 größer als der 3. Teil von 24. Wie heißt meine Zahl?

W Notiere im Text, was du weißt!

 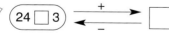

Rechenprobe!

A _____

Lösung: 1. $100 - 37 = 63$ $63 : 7 = 9$; 2. $8 \cdot 9 = 72$ $72 - 12 = 60$; 3. $24 : 3 = 8$ $87 + 8 = 95$

Die Rennfahrer meistern Zahlenrätsel (4)
Zahlenrätsel im Zahlenraum bis 1000

1. Wenn ich meine Zahl achtmal von 1000 wegnehme, bleiben 952 übrig. Wie heißt meine Zahl?

W Notiere dir in der Aufgabe nach dem Unterstreichen die passenden Rechenzeichen.

P (1000) ⇄ ○

R

A _____

2. Ich verringere 859 um das Sechsfache von 4. Wie heißt mein Ergebnis?

W Notiere im Text, was du weißt!

P ○ ← □

R Rechenprobe!

A _____

3. Ich verkleinere die größte dreistellige Zahl um die kleinste zweistellige. Ich subtrahiere dann davon die Summe aus 79 und 11. Wie heißt mein Ergebnis?

W Notiere im Text, was du weißt!

P ○ ⇄ ○ ← □

R Rechenprobe!

A _____

Lösung: 1. 1000 − 952 = 48 48 : 8 = 6; 2. 6 · 4 = 24 859 − 24 = 835; 3. 999 − 10 = 989 79 + 11 = 90 989 − 90 = 899

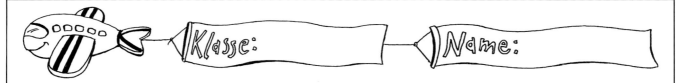

PANNENHILFE 1: Rechensprache

+	−	·	:
Plusaufgaben	Minusaufgaben	Malaufgaben	Geteiltaufgaben
um x größer als dazuzählen vergrößern um addieren zu Summe ergänzen hinzufügen	um x kleiner als abziehen wegnehmen verringern um subtrahieren vermindern verkleinern	das Doppelte verdoppeln x-mal das x-fache von malnehmen vervielfachen multiplizieren	die Hälfte halbieren halb so groß der x. Teil von teilen dividieren

Bei den Zahlenrätseln ist besonders wichtig, dass du mit der richtigen Zahl zu rechnen beginnst.

Lege die Rechenrichtung mit einem Pfeil ⟶ oder ⟵ fest!

Meine Zahl ist um 20 kleiner als 50.

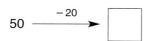

Meine Zahl ist um 20 größer als 50.

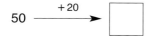

Lerne die Begriffe oben im Kasten auswendig!

PANNENHILFE 1: Rechensprache

Repariere die zerplatzten Reifen. Verbinde immer zwei kaputte Teile richtig.

 Vergrößere die Zahl 30 um 35!
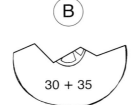 B — 30 + 35
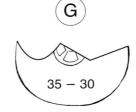 G — 35 − 30
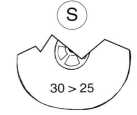 S — 30 > 25

 Vermindere die Zahl 82 um 12!
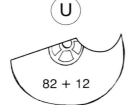 U — 82 + 12
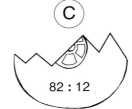 C — 82 : 12
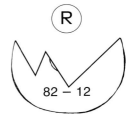 R — 82 − 12

 Berechne den 6. Teil von 48!
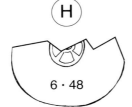 H — 6 · 48
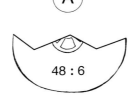 A — 48 : 6
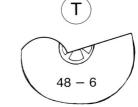 T — 48 − 6

 Vervielfache 3 mit 2!
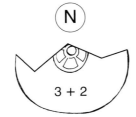 N — 3 + 2
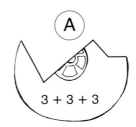 A — 3 + 3 + 3
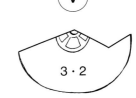 V — 3 · 2

 Ergänze 8 · 9 auf 100!
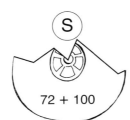 S — 72 + 100
O — 72 + ☐ = 100
R — 72 − 100

Schreibe hier die Lösungsbuchstaben deiner gewählten Reifenteile auf:

Lösungswort: ____ ____ ____ ____ ____ !

Wir kaufen ein (1)
Anwendung der Größen Euro und Cent

Tanja gibt auf dem Weihnachtsmarkt für Lebkuchen 3 Euro 20 Cent, für gebrannte Mandeln 2 Euro 50 Cent aus.

W Wir wissen:

F Wir fragen:

P Wir planen:

R Wir rechnen:

A Wir antworten:

Lösung:
F: Wie viel Geld gibt Tanja insgesamt aus?
R: 3 Euro 20 Cent + 2 Euro 50 Cent = 5 Euro 70 Cent
A: Sie gibt insgesamt 5 Euro 70 Cent aus.

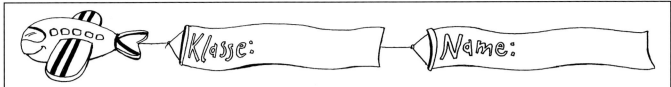

4. Wir kaufen ein (2)
Anwendung der Größen Euro und Cent

Michael sammelt Figuren. Für sein Zimmer kauft er sich 5 Engel zu je 2 € und 4 Schneemänner. Ein Schneemann kostet doppelt so viel wie ein Engel.

W Wir wissen:

F Wir fragen:

P Wir planen:

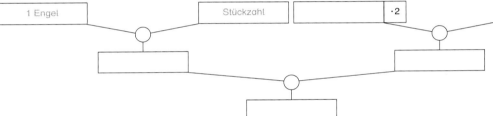

R Wir rechnen:

A Wir antworten:

Lösung:
F: Wie viel Geld gibt Michael aus?
R: 2€ · 5 = 10€ (Engel)
2 · 2€ = 4€ (1 Schneemann)   4€ · 4 = 16€ (alle Schneemänner)
10€ + 16€ = 26€ (Gesamtkosten)
A: Er gibt insgesamt 26 € aus.

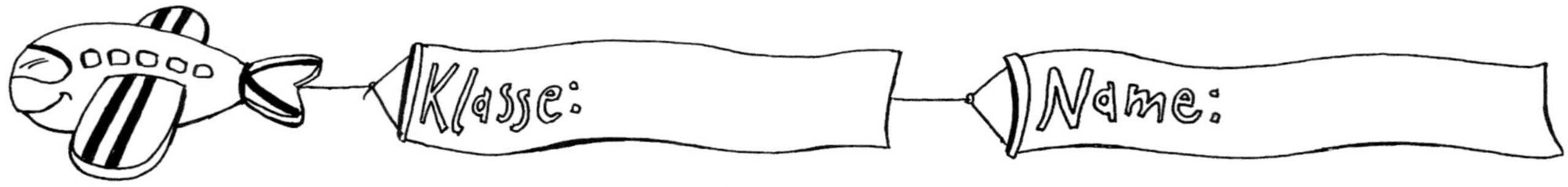

4. Wir kaufen ein (3)
Anwendung der Größen Euro und Cent

Nikolas kauft zwei Geschenke: ein Buch für 7 Euro 80 Cent und eine Holzkette für 3 Euro 30 Cent. Er hat 15 Euro dabei.

W Wir wissen:

F Wir fragen:

P Wir planen:

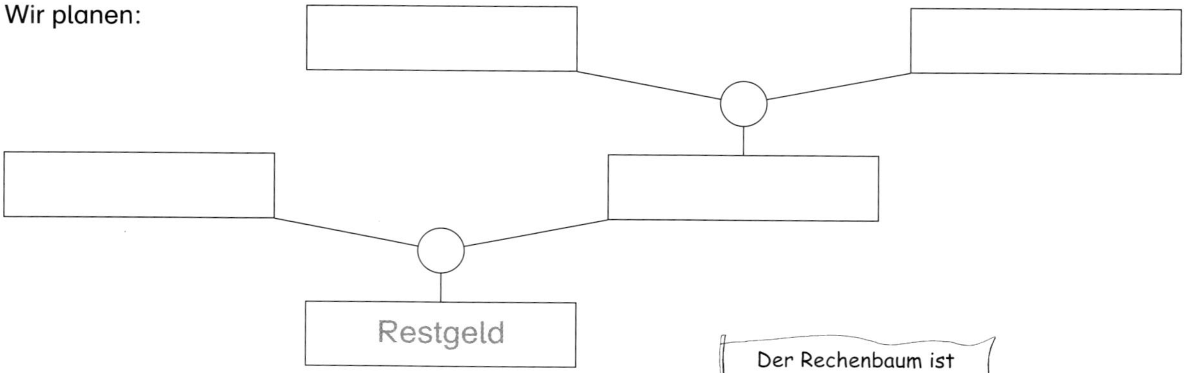

Restgeld

Der Rechenbaum ist nur ein Vorschlag!

R Wir rechnen:

A Wir antworten:

Lösung:

F: Wie viel Geld hat er übrig?
R: 7 Euro 80 Cent + 3 Euro 30 Cent = 11 Euro 10 Cent (Preis der Geschenke)
15 Euro – 11 Euro 10 Cent = 3 Euro 90 Cent (Restgeld)
A: Er behält 3 Euro 90 Cent.

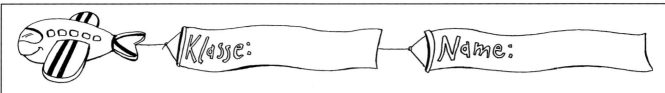

Wir kaufen ein (4)
Anwendung der Größen Euro und Cent

Marie hat für den Weihnachtsmarkt 7 Euro bekommen. Sie sucht sich dort ein glitzerndes Lichterhäuschen für 4 Euro 90 Cent aus. Begeistert ist sie auch von den roten Duftkerzen für je 70 Cent. Dafür gibt sie ihr restliches Geld aus.

W Wir wissen:

F Wir fragen:

P Wir planen:

Anzahl der Duftkerzen

R Wir rechnen:

A Wir antworten:

Lösung:
F: Wie viele Duftkerzen kann sie sich kaufen?
R: 7 Euro − 4 Euro 90 Cent = 2 Euro 10 Cent (Geld für Duftkerzen)
2 Euro 10 Cent : 70 Cent = 3 (Duftkerzen)
A: Sie kann sich genau 3 Duftkerzen kaufen.

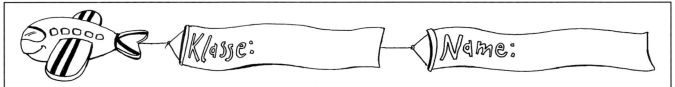

4. Wir kaufen ein (5)
Anwendung der Größen Euro und Cent

 Schneide die Aufgaben aus und klebe sie in dein Sachaufgabenheft. Rechne sie dort aus.

1. **Pia** bastelt gerne. Für ihr Zimmer möchte sie Fensterbilder malen. Von ihrem Taschengeld kauft sie 3 Grundfarben für je 1 Euro 20 Cent, einen Konturenstift für 2 Euro 20 Cent und ein Vorlagenheft für 6 Euro 80 Cent. An der Kasse bekommt sie 2 Euro 40 Cent heraus.

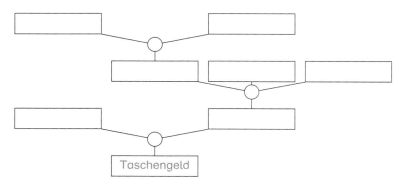

2. **Oma** geht für mich Geschenke kaufen. Sie hat einen 50-Euro-Schein und einen 20-Euro-Schein im Geldbeutel. Das PC-Spiel kostet 22 Euro und der Preis für mein Wunschbuch beträgt 12 Euro 80 Cent. Das Restgeld will sie mir in einem Kuvert schenken.

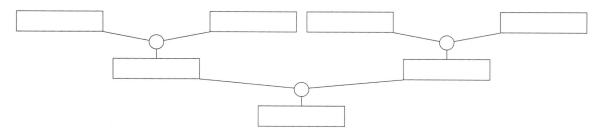

Lösung:

1. F: Wie viel Geld hat Pia der Verkäuferin gegeben?
R: 3 · 1,20 € = 3,60 € (für Grundfarben)
3,60 € + 2,20 € + 6,80 € = 12,60 € (Gesamtpreis)
12,60 € + 2,40 € = 15,00 € (Taschengeld)
A: Pia hat ihr 15 Euro gegeben.

2. F: Wie viel Geld steckt Oma in das Kuvert?
R: 50 € + 20 € = 70 € (Geld insgesamt)
22,00 € + 12,80 € = 34,80 € (für Geschenke)
70,00 € − 34,80 € = 35,20 € (für Kuvert)
A: Oma steckt 35,20 € in das Kuvert.

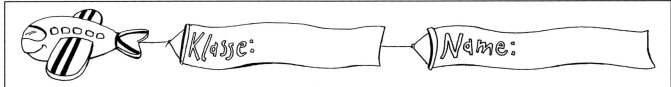

Wir kaufen ein (6)
Anwendung der Größen Euro und Cent

Schneide die Aufgaben aus und klebe sie in dein Sachaufgabenheft. Rechne sie dort aus.

1. Maximilians Lieblingskleidung ist im Angebot. Die Turnschuhe zu 80 € kosten jetzt nur noch die Hälfte. Das Tiger-Sweatshirt für 60 € ist jetzt um 15 € günstiger. Maximilian freut sich, als er seiner Mutter sagen kann, wie viel Geld sie gespart haben.

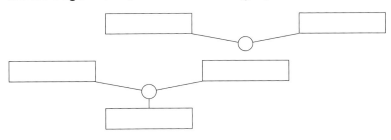

2. Jamila will ihren Geburtstag in der Klasse feiern. Für die 20 Schüler kauft sie je einen Schokoriegel zu 50 Cent. Der Klassenlehrerin und dem Sportlehrer bringt sie je eine Praline zu 80 Cent mit.

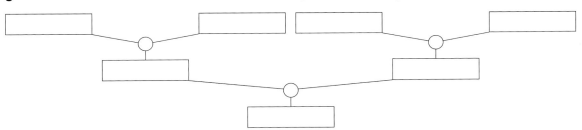

3. Nina und Lara gehen mit ihrer Mutter einkaufen. Sie geben beim Bäcker 9,40 € und im Supermarkt 45,23 € aus. Außerdem dürfen sich die Mädchen auf dem Rückweg noch je einen Lolli zu 0,35 € am Kiosk kaufen.

Lösung:

1. F: Wie viel Geld haben sie gespart?
R: 80 € : 2 = 40 € *(Turnschuhe)*
40 € + 15 € = 55 € *(Ersparnis)*
A: Sie haben 55 € gespart.

2. F: Wie viel Geld gibt Jamila aus?
R: 20 · 50 Cent = 1000 Cent *(Schokoriegel)*
2 · 80 Cent = 160 Cent *(Pralinen)*
1000 Cent + 160 Cent = 1160 Cent = 11,60 € *(Gesamtbetrag)*
A: Die Süßigkeiten haben 11,60 € gekostet.

3. F: Wie viel Geld haben sie insgesamt ausgegeben?
R: 9,40 € + 45,23 € = 54,63 € *(Bäcker und Supermarkt)*
2 · 0,35 € = 0,70 € *(Kiosk)*
54,63 € + 0,70 € = 55,33 €
A: Sie haben insgesamt 55,33 € ausgegeben.

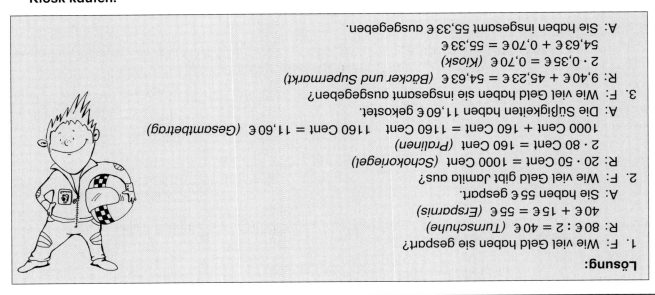

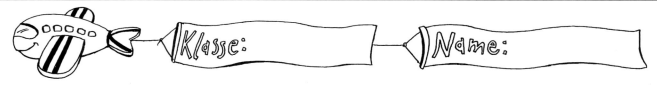

STOPP 3: Wir planen

Sieh dir die Rechenbäume ganz genau an.
Bei jeder Aufgabe ist nur einer richtig.

1. Mark fährt mit seiner Klasse ins Spielzeugmuseum. Er hat 10 € dabei. Die Lehrerin sammelt im Bus 5,50 € Fahrgeld und 1,50 € Eintrittsgeld ein. Nach der Museumsführung kauft er sich noch drei Postkarten. Jetzt hat er sein ganzes Geld ausgegeben.

F _____

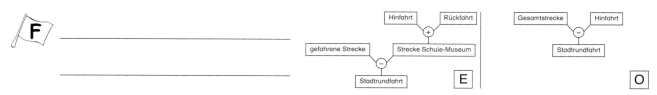

2. Der Busfahrer erzählt Mark, dass es von der Schule bis zum Spielzeugmuseum 85 km sind. Bevor die Klasse die Heimfahrt antritt, erleben sie noch eine Stadtrundfahrt. In der Schule angekommen, bemerkt der Busfahrer: „Wir sind heute insgesamt 185 km gefahren."

F _____

3. Theresa darf sich eine Inlinerausrüstung aussuchen, weil diese im Angebot ist. Die Inliner für 50 € kosten nur noch die Hälfte. Die Schoner für 19 € kosten jetzt 8 € weniger. Der Helm für 29 € kostet jetzt nur noch 18 €. Theresa überlegt, was sie gespart haben.

F _____

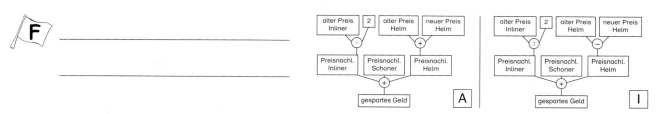

4. Caroline hat 50 € gespart. Davon will sie sich eine CD zu 15,90 €, ein Stofftier zu 9,80 € und einen Rucksack für 12,20 € kaufen. Sie überlegt, wie viel Geld sie dann noch übrig hat.

F _____

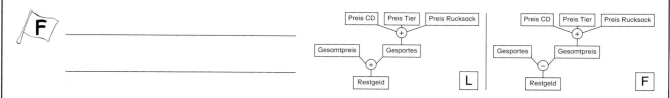

Setze die Buchstaben deiner gewählten Rechenbäume in der richtigen Reihenfolge zusammen.
Du erhältst dann das Lösungswort:

____ ____ ____ ____ , wenn du dir die Rechenbegriffe merkst und sie bei anderen Aufgaben anwendest.

In der Bäckerei (1)
Aufgaben im Zahlenraum bis 1000

Bäckermeister Backfrisch formt auf sein großes Backblech 50 Brezeln oder 50 Hörnchen. Für den Vormittagsverkauf füllt er seinen Backwagen mit 15 Brezelblechen und 5 Hörnchenblechen.

W Wir wissen:

> Beim Malnehmen mit Zehnerzahlen rechnen wir die kleine Malaufgabe und hängen die Nullen an, zum Beispiel:
> 40 · 20
> 4 · 2 = 8 → 2 Nullen anhängen
> 40 · 20 = 800

F Wir fragen:

Wie viele Teilchen passen auf den Wagen?

P Wir planen:

R Wir rechnen:

A Wir antworten:

Lösung:

R: 15 + 5 = 20 *(Bleche auf Wagen)*   20 · 50 = 1000 *(Teilchen insgesamt)*

A: Auf den Wagen passen 1000 Teilchen.

In der Bäckerei (2)
Aufgaben im Zahlenraum bis 1000

Heute hat Bäckermeister Backfrisch 1000 Gebäckstücke gebacken. Davon bleiben 450 im Laden. Vom Rest liefert er eine Hälfte in eine Filiale und die andere Hälfte an eine Schule.

 Wir wissen:

 Wir fragen:

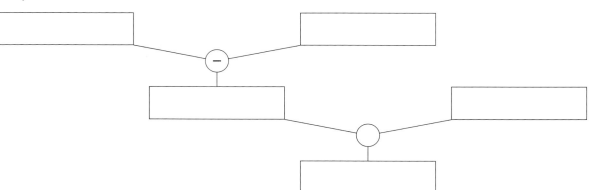 Wir planen:

 Wir rechnen:

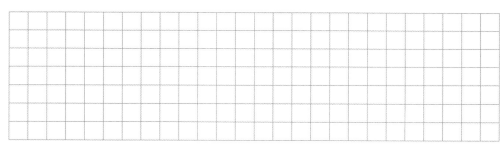 Wir antworten:

Lösung:
F: Wie viele Teilchen gehen an die Schule bzw. an die Filiale?
R: 1000 − 450 = 550 (Teilchen für Auslieferung) 550 : 2 = 275 (Menge für Schule/Filiale)
A: 275 Stück gehen an die Schule bzw. in die Filiale.

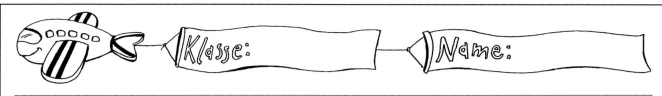

 **In der Bäckerei (3)**
Aufgaben im Zahlenraum bis 1000

Am Nachmittag hat die Grundschule für 160 Kinder und 225 Erwachsene Krapfen bestellt. Pro Kind möchte die Schule einen Krapfen und pro Erwachsenen zwei Krapfen geliefert bekommen.

 Wir wissen:

 Wir fragen:

 Wir planen:

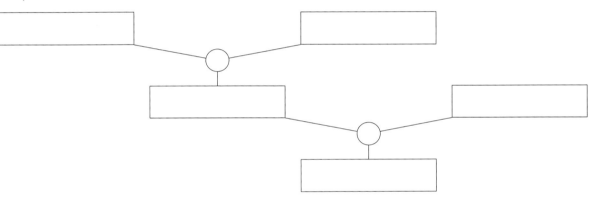

 Wir rechnen:

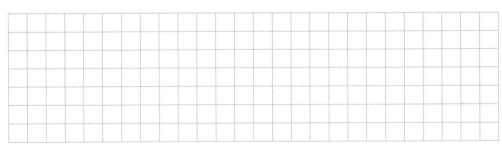

 Wir antworten:

Lösung:
F: Wie viele Krapfen werden geliefert?
R: 225 + 225 = 450 *(für Eltern)*   450 + 160 = 610 *(Gesamtmenge)*
A: Die Schule bekommt 610 Krapfen geliefert.

 Klasse: Name:

In der Bäckerei (4)
Aufgaben im Zahlenraum bis 1000

Am nächsten Tag hat der Bäckermeister einen Stand auf dem Stadtfest. Dreimal liefert er frische Käsestangen und Schinkenhörnchen an. Für jede Lieferung füllt er 3 Körbe mit je 70 Käsestangen und 2 Körbe mit je 50 Schinkenhörnchen.

 Wir wissen:

Wir fragen:

Wir planen:

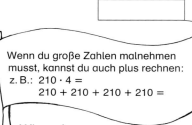

Wenn du große Zahlen malnehmen musst, kannst du auch plus rechnen:
z. B.: 210 · 4 =
210 + 210 + 210 + 210 =

Wir rechnen:

Wir antworten:

Lösung:

F: Wie viele Gebäckstücke bringt er insgesamt?
R: 3 · 70 = 210 (Käsestangen)   2 · 50 = 100 (Schinkenhörnchen)
210 + 100 = 310 (Teilchen pro Lieferung)
310 · 3 = 930 (Gesamtmenge)
A: Er liefert insgesamt 930 Gebäckstücke.

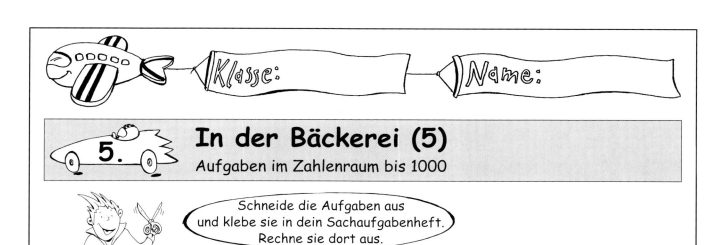

In der Bäckerei (5)
Aufgaben im Zahlenraum bis 1000

Schneide die Aufgaben aus und klebe sie in dein Sachaufgabenheft. Rechne sie dort aus.

1. Aus Erfahrung weiß Bäckermeister Backfrisch, dass täglich 75 Kindergartenkinder und 125 Schulkinder je einen Honigriegel kaufen. Auf ein Blech passen 50.

2. Uli steht vor der Kuchentheke. Dort zählt er 9 Torten und 3 Biskuitrollen. Aus einer Torte werden 16 Stücke und aus einer Biskuitrolle 17 Stücke geschnitten.

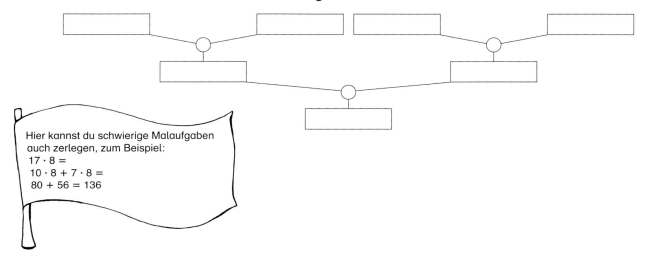

Hier kannst du schwierige Malaufgaben auch zerlegen, zum Beispiel:
$17 \cdot 8 =$
$10 \cdot 8 + 7 \cdot 8 =$
$80 + 56 = 136$

3. Aus einem Sack Mehl rührt der Bäckerlehrling den Teig für 155 Brötchen und 45 Hörnchen an. An sechs Tagen verbraucht er fünf Säcke Mehl.

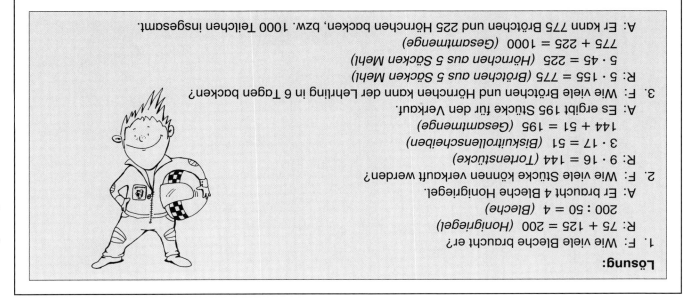

Lösung:

1. F: Wie viele Bleche braucht er?
R: $75 + 125 = 200$ (Honigriegel)
$200 : 50 = 4$ (Bleche)
A: Er braucht 4 Bleche Honigriegel.

2. F: Wie viele Stücke können verkauft werden?
R: $9 \cdot 16 = 144$ (Tortenstücke)
$3 \cdot 17 = 51$ (Biskuitrollenscheiben)
$144 + 51 = 195$ (Gesamtmenge)
A: Es ergibt 195 Stücke für den Verkauf.

3. F: Wie viele Brötchen und Hörnchen kann der Lehrling in 6 Tagen backen?
R: $5 \cdot 155 = 775$ (Brötchen aus 5 Säcken Mehl)
$5 \cdot 45 = 225$ (Hörnchen aus 5 Säcken Mehl)
$775 + 225 = 1000$ (Gesamtmenge)
A: Er kann 775 Brötchen und 225 Hörnchen backen, bzw. 1000 Teilchen insgesamt.

In der Bäckerei (6)
Aufgaben im Zahlenraum bis 1000

Schneide die Aufgaben aus und klebe sie in dein Sachaufgabenheft. Rechne sie dort aus.

1. Oma Marlene wird am Sonntag 80 Jahre alt. Familie Kast will für die Geburtstagsfeier 100 Stücke Kuchen kaufen. Sie entscheidet sich für 60 Tortenstücke zum Preis von je 2,00 €, 20 Teilchen für je 1,00 € und 20 Stücke Blechkuchen für je 1,50 €.

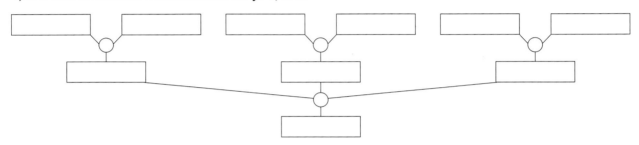

2. Konditormeister Guss muss heute 10 Torten und 14 Blechkuchen für das Dorffest backen. Jede Torte wird in 12, jeder Blechkuchen in 40 Stücke geschnitten.

3. In einer Bäckerei werden täglich 900 Plätzchen gebacken. Immer 10 Plätzchen werden in eine Tüte gepackt. Jede Tüte kostet 4,00 €.
   F: Was nimmt die Bäckerei beim Verkauf aller Tüten ein?

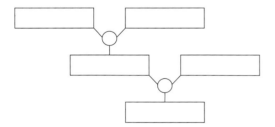

Lösung:

1. F: Wie viel müssen sie bezahlen?
   R: 60 · 2,00 € = 120,00 € *(Torte)*
   20 · 1,00 € = 20,00 € *(Teilchen)*
   20 · 1,50 € = 30,00 € *(Blechkuchen)*
   120 € + 20 € + 30 € = 170 €
   A: Sie müssen für den Kuchen 220 € bezahlen.

2. F: Wie viele Stücke ergibt das insgesamt?
   R: 10 · 12 = 120 *(Torte)*
   14 · 40 = 560 *(Blechkuchen)*
   120 + 560 = 680
   A: Es ergibt 680 Stücke.

3. R: 900 : 10 = 90 *(Tüten)*
   90 · 4,00 € = 360 €
   A: Die Bäckerei nimmt 360 € mit den Plätzchen ein.

Strom kostet Geld (1)
Schriftlich zusammenzählen und abziehen im Zahlenraum bis 1000

Vater liest am Stromzähler den Stromverbrauch ab:

Stand: 1. Jan. — 00706 kWh
Stand: 31. Jan. — 00985 kWh

Die Einheit für Strom heißt Kilowattstunde und wird kWh abgekürzt!

W Wir wissen:

F Wir fragen:
a) Wie viele kWh Strom hat die Familie im Januar verbraucht?
b) Wie viele kWh werden bei gleichem Stromverbrauch im Monat wie im Januar in einem Vierteljahr verbraucht?

P Wir planen:
a)   b)

R Wir rechnen:
a)   b)

Wir antworten:

A a) _____
b) _____

Lösung:

R: a) 985 kWh   b) 279 kWh
     − 706 kWh   + 279 kWh
     ─────────   + 279 kWh
       279 kWh   ─────────
                       837 kWh

A: a) Sie hat im Januar 279 kWh verbraucht.
b) Es werden in einem Vierteljahr 837 kWh verbraucht.

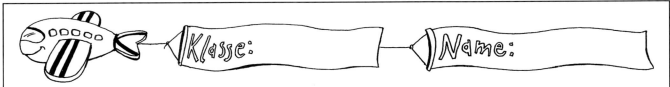

6. Strom kostet Geld (2)
Schriftlich zusammenzählen und abziehen im Zahlenraum bis 1000

Die Nachbarfamilie liest auch im Januar ihren Stromverbrauch ab. Am 1. Januar zeigt der Zähler 538 kWh und am 31. Januar 960 kWh an. Sie bekommt ihren Strom von einem Billiganbieter zu 10 Cent pro kWh.

 Wir wissen:

 Wir fragen:

 Wir planen:

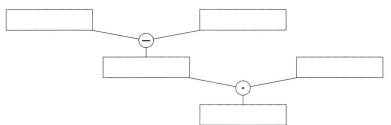

R Wir rechnen:

 Wir antworten:

Lösung:

F: Wie viel Geld kostet der Familie der Strom im Januar?

R: 960 kWh
   − 538 kWh
   ─────────
    422 kWh

422 · 10 ct = 4220 ct   4220 ct = 42,20 € (Kosten)

A: Der Strom kostet ihr im Januar 42,20 €.

52

Klasse: _____ Name: _____

Strom kostet Geld (3)
6. Schriftlich zusammenzählen und abziehen im Zahlenraum bis 1000

Als Familie Heibl am 1. März in ihre neue Wohnung zieht, muss sie an ihren Stromanbieter jeden Monat 60 € für ihren Stromverbrauch vorauszahlen. Tatsächlich hat sie bis 31. Dezember für 538 € Strom verbraucht. Weil sie zu viel vorausbezahlt hat, bekommt sie von ihrem Stromanbieter den Rest zurück.

W Wir wissen:

F Wir fragen:

P Wir planen:

R Wir rechnen:

A Wir antworten:

Lösung:

F: Wie viel Geld bekommt sie zurück?

R: 10 · 60 € = 600 €

```
  600 €
– 538 €
  ─────
   62 € (Rückerstattung)
```

A: Sie bekommt 62 € zurück.

6. Strom kostet Geld (4)
Schriftlich zusammenzählen und abziehen im Zahlenraum bis 1000

Mutter Riedel braucht diesen Monat viel Geld für das Waschen. Sie muss eine neue Waschmaschine für 529,95 € kaufen. Die Maschine verbraucht im Monat 17 kWh Strom, eine kWh kostet 10 ct. Außerdem benötigt sie noch ein Waschmittel für Kochwäsche zu 6,95 € und eines für Buntwäsche zu 3,79 €.

W Wir wissen:

F Wir fragen:

P Wir planen:

R Wir rechnen:

A Wir antworten:

Lösung:

F: Wie viel Geld gibt Mutter Riedel diesen Monat für das Waschen aus?

R: 17 · 10 ct = 170 ct   170 ct = 1,70 €

```
  529,95 €
+   1,70 €
+   6,95 €
+   3,79 €
  542,39 €
```

A: Sie gibt diesen Monat 542,39 € für das Waschen aus.

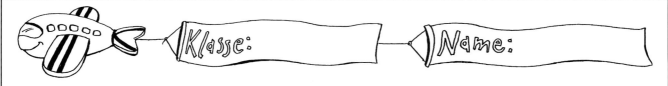

Strom kostet Geld (5)

Schriftlich zusammenzählen und abziehen im Zahlenraum bis 1000

Schneide die Aufgaben aus und klebe sie in dein Sachaufgabenheft. Rechne sie dort aus.

1. In einem Elektrogeschäft werden zwei verschiedene Geschirrspüler angeboten. Das Modell „Sauber" verbraucht im Jahr 231 kWh, das Modell „Blitzblank" verbraucht im Jahr 271 kWh.
   F: Wie hoch sind bei jedem Gerät die Jahresstromkosten, wenn eine Kilowattstunde 10 Cent kostet?

2. Modell „Blitzblank" verbraucht zwar im Jahr mehr Strom, ist aber dafür billiger: es kostet 710 €. Der Geschirrspüler „Sauber" kostet 750 €.
   F: Wie viele Jahre muss der Geschirrspüler „Sauber" mindestens halten, damit sich der höhere Kaufpreis lohnt? Achtung: Denke an den Stromverbrauch aus Aufgabe 1!

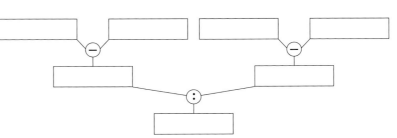

3. Frau Meiers Geschirrspüler „Keiner-ist-reiner" verbrauchte in den ersten 7 Monaten letzten Jahres 158 kWh, in den Urlaubsmonaten August und September verbrauchte sie insgesamt nur 18 kWh und in den restlichen Monaten je 25 kWh.

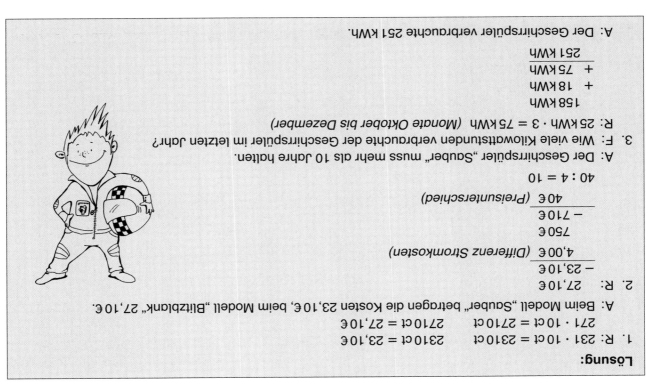

Lösung:

1. R: 231 · 10 ct = 2310 ct   2310 ct = 23,10 €
   271 · 10 ct = 2710 ct   2710 ct = 27,10 €
   A: Beim Modell „Sauber" betragen die Kosten 23,10 €, beim Modell „Blitzblank" 27,10 €.

2. R: 27,10 €
   − 23,10 €
   4,00 € (Differenz Stromkosten)

   750 €
   − 710 €
   40 € (Preisunterschied)

   40 : 4 = 10
   A: Der Geschirrspüler „Sauber" muss mehr als 10 Jahre halten.

3. F: Wie viele Kilowattstunden verbrauchte der Geschirrspüler im letzten Jahr?
   R: 25 kWh · 3 = 75 kWh (Monate Oktober bis Dezember)
   158 kWh
   + 18 kWh
   + 75 kWh
   251 kWh
   A: Der Geschirrspüler verbrauchte 251 kWh.

6. Strom kostet Geld (6)
Schriftlich zusammenzählen und abziehen im Zahlenraum bis 1000

Schneide die Aufgaben aus und klebe sie in dein Sachaufgabenheft. Rechne sie dort aus.

1. **Familie Spar hat alte Elektrogeräte, die viel Strom verbrauchen: Der Geschirrspüler benötigt 336 kWh im Jahr, die Waschmaschine benötigt 486 kWh im Jahr. Jetzt zieht sie um und will ihre alten Geräte gegen neue austauschen. Diese verbrauchen insgesamt nur 598 kWh im Jahr.**

2. **Der Geschirrspüler von Frau Hinsenkamp ist nach 10 Jahren kaputt gegangen. Jetzt braucht sie eine neue Spülmaschine. Die alte Maschine hat im Jahr 336 kWh Strom verbraucht, die neue soll nur noch 240 kWh Strom im Jahr verbrauchen.**
   F: Wie viel Geld spart Frau Hinsenkamp im Jahr, wenn eine kWh Strom 10 Cent kostet?

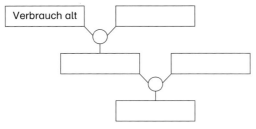

Verbrauch alt

3. **In einem Haushalt verbraucht eine Waschmaschine ungefähr 18 kWh, ein Trockner 40 kWh und eine Spülmaschine 20 kWh im Monat.**
   Eine Kilowattstunde kostet bei einem günstigen Anbieter 10 Cent.
   F: a) Wie hoch sind die Stromkosten für die drei Geräte in einem Monat?
   b) Wie hoch sind die Stromkosten für die drei Geräte im Halbjahr?

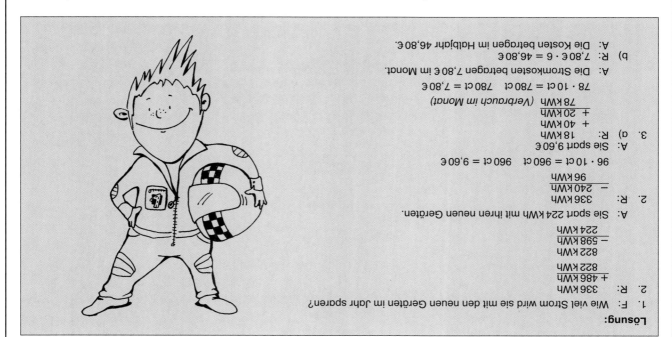

Lösung:

1. F: Wie viel Strom wird sie mit den neuen Geräten im Jahr sparen?
   R: 336 kWh
      + 486 kWh
      ─────────
        822 kWh

        822 kWh
      − 598 kWh
      ─────────
        224 kWh
   A: Sie spart 224 kWh mit ihren neuen Geräten.

2. R: 336 kWh
      − 240 kWh
      ─────────
         96 kWh
      96 · 10 ct = 960 ct = 9,60 €
   A: Sie spart 9,60 €.

3. a) R: 18 kWh
        + 40 kWh
        + 20 kWh
        ────────
          78 kWh (Verbrauch im Monat)
      78 · 10 ct = 780 ct = 7,80 €
      A: Die Stromkosten betragen 7,80 € im Monat.
   b) R: 7,80 € · 6 = 46,80 €
      A: Die Kosten betragen im Halbjahr 46,80 €.

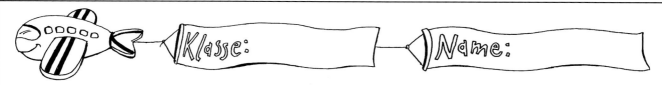

STOPP 4: Wir rechnen

Überlege genau, was du bei den Rechnungen herausbekommst. Welche Lösung ist richtig?

Folgende Beispiele sind eine Denkhilfe:
150 € + 51 € = 201 €
100 € + 3 Äpfel = ⟶ Die Aufgabe kann so nicht gerechnet werden!
200 € · 2 = 400 €   198 € − 80 € = 118 €
600 € : 2 = 300 €   100 € : 50 € = 2
Genauso geht es bei anderen Bezeichnungen, wie km, kg, l …

1. Anjas Mama wiegt 10 kg mehr als Anja und ihr Bruder Tim zusammen. Tim bringt 32 kg auf die Waage. Das Gewicht der Mutter beträgt 69 kg.

| 69 kg − 10 = 59
59 − 32 = 27 kg | Kin | 69 kg − 10 kg = 59 kg
59 kg − 32 kg = 27 kg | Kon | 69 kg − 32 kg = 37 kg
37 kg + 10 kg = 47 kg | Kan |

2. Fritzi fährt mit seinen Eltern nach Italien an den Gardasee. Die Gesamtstrecke dorthin beträgt 600 km. Nach jeweils 200 km Fahrt legen sie eine kleine Pause ein. Wie oft muss an diesem Tag der Motor des Autos abgestellt werden?

| 600 km : 200 km = 3 | zen | 600 km : 200 = 3 | zan | 600 km : 200 = 3 km | zin |

Formuliere zu den folgenden Stichwörtern deine eigene Sachaufgabe.

3. Volksfestbesuch − 8 Lose je 50 ct − 1 Fahrt zu 2,50 €

_____

_____

| 50 ct + 2,50 € = 3 €
3 € · 8 = 24 € | tra | 8 · 50 ct = 400
400 + 2,50 € = 402,50 € | tre | 8 · 50 ct = 400 ct = 4 €
4 € + 2,50 € = 6,50 € | trie |

4. Stationstraining − 40 Minuten Gesamtzeit − 5 Stationen

_____

_____

| 40 Min. : 5 = 8 Min. | re | 40 Min. : 5 Min. = 8 | ri | 40 Min. · 5 Min. = 200 Min. | ra |

Schreibe die jeweils richtige Silbe der vier Aufgaben hier ein:

____ ____ ____ ____ dich!

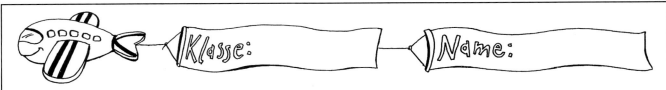

7. Im Wald (1)
Malnehmen und teilen mit Zehnerzahlen im Zahlenraum bis 1000

Der Förster legt eine neue Fichtenschonung an, damit der Baumbestand erhalten bleibt. Dazu pflanzt er 10 Reihen mit je 34 Fichtensetzlingen. Die Woche darauf macht er das Gleiche an einer anderen Stelle noch einmal.

W Wir wissen:

F Wir fragen:

P Wir planen:

R Wir rechnen:

A Wir antworten:

Lösung:
F: Wie viele Fichtensetzlinge pflanzt der Förster in zwei Wochen?
R: 10 · 34 = 340 *(Setzlinge in einer Woche)*   340 · 2 = 680 *(Setzlinge in zwei Wochen)*
A: Der Förster pflanzt 680 Fichtensetzlinge.

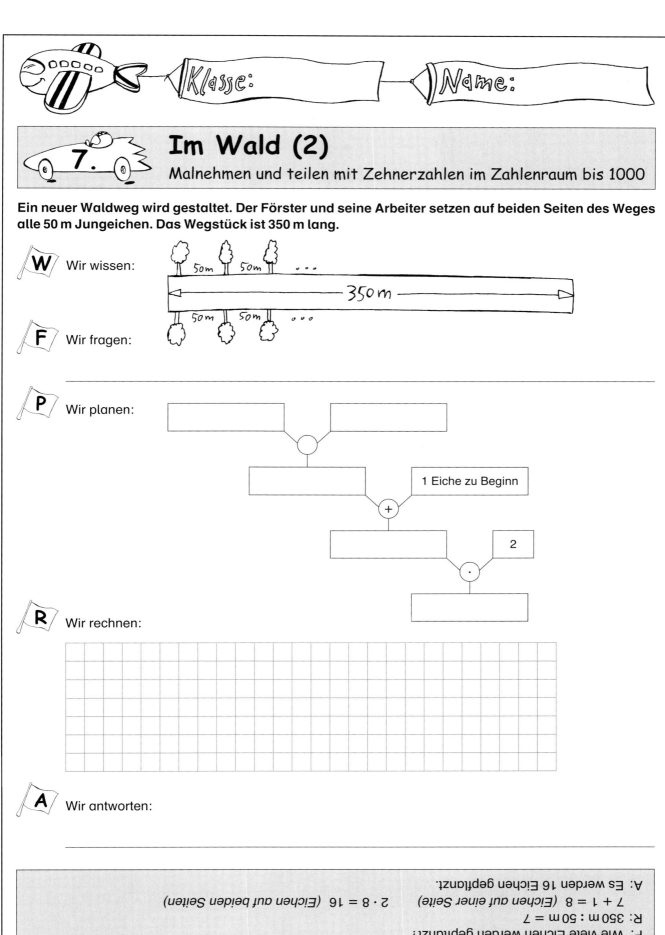

 Klasse: Name:

Im Wald (3)
Malnehmen und teilen mit Zehnerzahlen im Zahlenraum bis 1000

Der Borkenkäfer hat viele Bäume befallen. Sie sind krank.
360 befallene Fichten markiert der Förster mit rotem Farbspray. Eine Spraydose reicht ihm für 40 Bäume.

 Wir wissen:

 Wir fragen:

 Wir planen:

Wir rechnen:

Wir antworten:

Lösung:
F: Wie viele Spraydosen braucht der Förster?
R: 360 : 40 = 9
A: Er benötigt 9 Spraydosen.

Im Wald (4)
Malnehmen und teilen mit Zehnerzahlen im Zahlenraum bis 1000

Die 360 kranken Fichten müssen bald gefällt werden. 6 Waldarbeiter sind dafür eingeteilt. Pro Baum arbeitet eine Dreiergruppe. Sie schafft es, am Tag 10 Fichten zu fällen.

 Wir wissen:

 Wir fragen:

Wie viele Tage sind die Waldarbeiter am Werk?

 Wir planen:

 Wir rechnen:

A Wir antworten:

Lösung:

R: 6 : 3 = 2 *(Anzahl der Gruppen)*
10 · 2 = 20 *(gefällte Fichten am Tag)*
360 : 20 = 18
oder: 360 : 2 = 180   180 : 10 = 18 *(Arbeitstage)*
A: Die sechs Waldarbeiter sind 18 Tage am Werk.

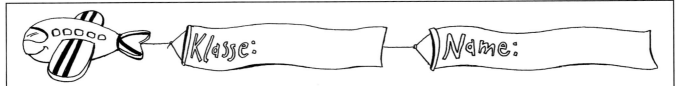

Im Wald (5)
Malnehmen und teilen mit Zehnerzahlen im Zahlenraum bis 1000

Schneide die Aufgaben aus und klebe sie in dein Sachaufgabenheft. Rechne sie dort aus.

1. **Ein frisch angelegter Jungwald muss vor Wildverbiss geschützt werden. Dazu legt der Förster mit zwei Arbeitern einen Zaun an. Sie schlagen dafür 20 Pfosten in den Boden. Zwischen zwei Pfosten spannen sie je oben und unten 5 m Draht.**
   F: Wie viel Meter Draht brauchen sie?

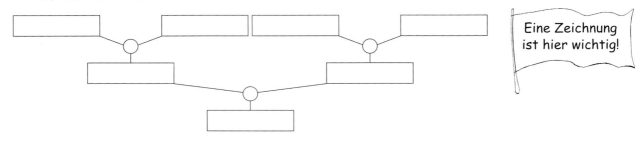

Eine Zeichnung ist hier wichtig!

2. **An einer schönen Lichtung im Wald sollen für Gottesdienste in der freien Natur Bankreihen aufgestellt werden. Der Pfarrer rechnet pro Festgottesdienst mit ungefähr 240 Leuten. Auf einer Bank haben 6 Personen Platz.**

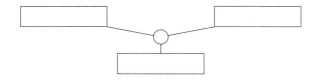

3. **Im Spätherbst bringen nette Menschen Kastanien, Äpfel und Brot zum Forsthaus. Diese Winternahrung für Waldtiere verteilt der Förster später an 10 verschiedene Futterplätze. Für jede Stelle bringt er 3 Eimer Kastanien, doppelt so viele Eimer Äpfel und 7 Eimer Brot.**
   F: Wie viele Eimer verteilt der Förster insgesamt?

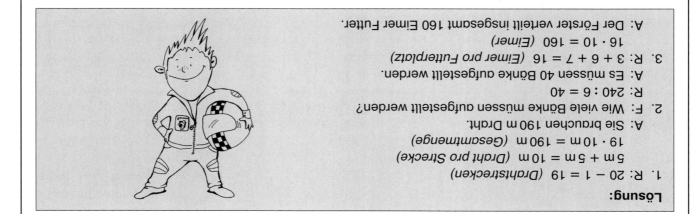

Lösung:

1. R: 20 − 1 = 19 (Drahtstrecken)
   5 m + 5 m = 10 m (Draht pro Strecke)
   19 · 10 m = 190 m (Gesamtmenge)
   A: Sie brauchen 190 m Draht.

2. F: Wie viele Bänke müssen aufgestellt werden?
   R: 240 : 6 = 40
   A: Es müssen 40 Bänke aufgestellt werden.

3. R: 3 + 6 + 7 = 16 (Eimer pro Futterplatz)
   16 · 10 = 160 (Eimer)
   A: Der Förster verteilt insgesamt 160 Eimer Futter.

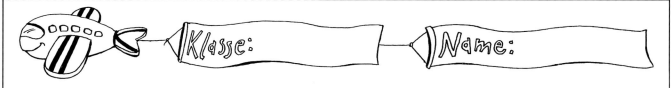

7. Im Wald (6)
Malnehmen und teilen mit Zehnerzahlen im Zahlenraum bis 1000

 Schneide die Aufgaben aus und klebe sie in dein Sachaufgabenheft. Rechne sie dort aus.

1. Für Waldkäuze und andere Vögel stellt der Förster im Winter Nistkästen her. Pro Kasten vernagelt er 6 Holzplatten. So verarbeitet er insgesamt 425 Platten. Davon hat er sich bei 5 Platten versägt.
   F: Wie viele Nistkästen stellt er her?

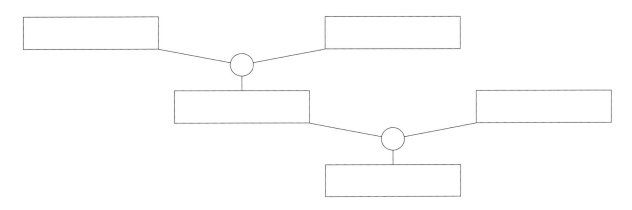

2. Den ganzen Sommer über sind die Waldbienen fleißig bei der Arbeit. Tausend Bienen stellen in einem Sommer ein Glas mit 250 Gramm Waldhonig her. Der Sohn des Imkers kümmert sich um seinen besonders kleinen Bienenstock. Er erhält aus seinen Waben 25 Gramm Honig.
   F: Wie viele Bienen haben hierfür den Sommer über gearbeitet?

3. Ein großer Bienenstock des Imkers wirft im Jahr 20 Kilogramm Fichtennadelhonig ab. Ein Stock normaler Größe produziert 15 Kilogramm und ein kleiner 10 Kilogramm Honig. Der Imker besitzt 3 große, 2 mittelgroße und 4 kleine Bienenstöcke.

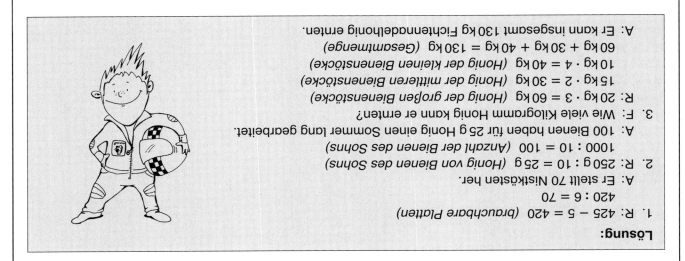

Lösung:

1. R: 425 − 5 = 420 (brauchbare Platten)
   420 : 6 = 70
   A: Er stellt 70 Nistkästen her.

2. R: 250 g : 10 = 25 g (Honig von Bienen des Sohns)
   1000 : 10 = 100 (Anzahl der Bienen des Sohns)
   A: 100 Bienen haben für 25 g Honig einen Sommer lang gearbeitet.

3. F: Wie viele Kilogramm Honig kann er ernten?
   R: 20 kg · 3 = 60 kg (Honig der großen Bienenstöcke)
   15 kg · 2 = 30 kg (Honig der mittleren Bienenstöcke)
   10 kg · 4 = 40 kg (Honig der kleinen Bienenstöcke)
   60 kg + 30 kg + 40 kg = 130 kg (Gesamtmenge)
   A: Er kann insgesamt 130 kg Fichtennadelhonig ernten.

PANNENHILFE 2: Das muss in meinen Kopf – Größen

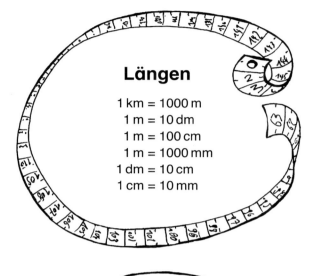

Längen
1 km = 1000 m
1 m = 10 dm
1 m = 100 cm
1 m = 1000 mm
1 dm = 10 cm
1 cm = 10 mm

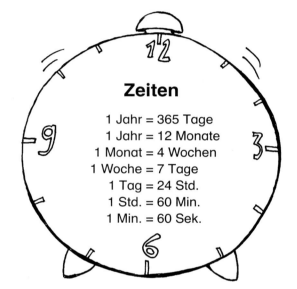

Zeiten
1 Jahr = 365 Tage
1 Jahr = 12 Monate
1 Monat = 4 Wochen
1 Woche = 7 Tage
1 Tag = 24 Std.
1 Std. = 60 Min.
1 Min. = 60 Sek.

Gewichte
1 t = 1000 kg
1 kg = 1000 g

Hohlmaße
1 hl = 100 l
1 l = 1000 ml
ein halber Liter = 0,5 l = 500 ml
ein Viertelliter = 0,25 l = 250 ml

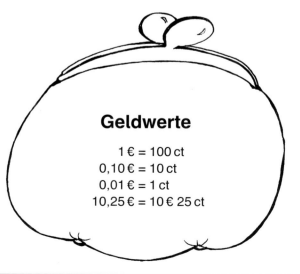

Geldwerte
1 € = 100 ct
0,10 € = 10 ct
0,01 € = 1 ct
10,25 € = 10 € 25 ct

PANNENHILFE 2: Das muss in meinen Kopf – Größen

Male das richtige Ergebnis und die dazugehörige Zahl unten im Malbild an.

2 € 20 ct = [2,02 €] [2,20 €]   1,060 kg = [1600 g] [1060 g]

24,89 € = [24 € 89 ct] [248 € 9 ct]   1530 g = [1,53 kg] [15,30 kg]

140 l = [1 hl 40 l] [1400 ml]   1 Jahr 2 Monate = [14 Monate] [12 Monate]

8 hl 4 l = [840 l] [804 l]   3 Wochen 1 Tag = [24 Tage] [22 Tage]

5 m 18 cm = [5,18 cm] [518 cm]   1 Std. 24 Min. = [124 Min.] [84 Min.]

8 m 2 dm = [82 dm] [802 dm]   189 Min. = [3 Std. 9 Min.] [1 Std. 89 Min.]

355 mm = [35 cm 5 mm] [3 cm 55 mm]   12 m 5 dm = [1205 dm] [125 dm]

1 t 50 kg = [1050 kg] [15 kg]   4 t 100 g = [4100 kg] [41 kg]

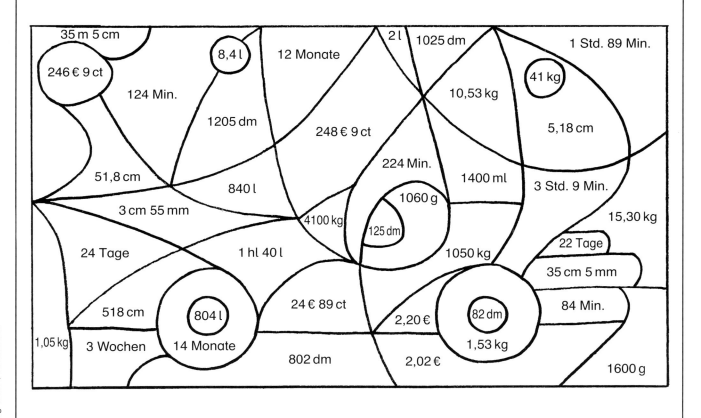

Auf Wanderschaft (1)
Anwendung der Größe Längen

Die Klasse 3a plant einen Unterrichtsgang mit dem Förster. Er schickt ihnen folgende Wegbeschreibung:

Schule – Forsthaus: 223 m
Forsthaus – Wildgehege: 109 m
Wildgehege – Aussichtsturm: 278 m
Aussichtsturm – Forsthaus: 67 m

Vom Forsthaus geht es dann wieder zurück zur Schule.

 Wir wissen:

 Wir fragen:

Wie viele Meter müssen sie insgesamt laufen?

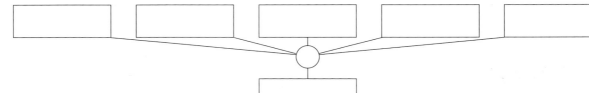 Wir planen:

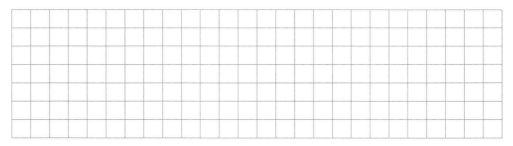 Wir rechnen:

 Wir antworten:

Lösung:

R: 223 m + 109 m + 278 m + 67 m + 223 m = 900 m

A: Sie müssen insgesamt 900 m laufen.

Auf Wanderschaft (2)
Anwendung der Größe Längen

Einen anderen Unterrichtsgang plant die Klasse 3b. Sie will einen Bauernhof besichtigen. Von der Schule zum Stadtrand geht sie 1 km. Bis zum Bauerndorf sind es von dort noch 3 km. Als Rückweg wählt sie die gleiche Strecke.

W Wir wissen:

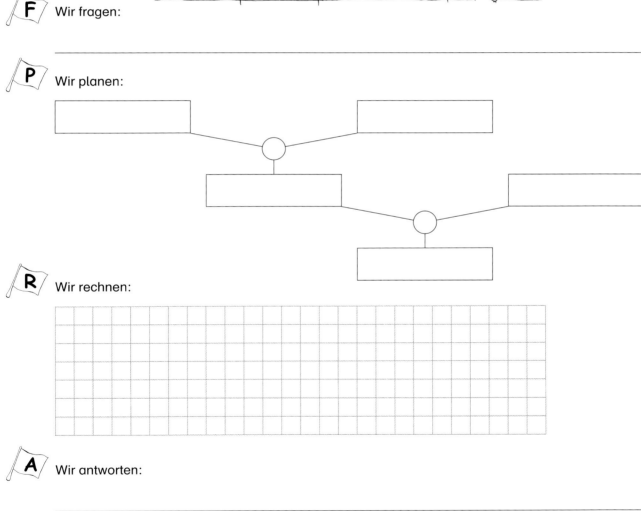

F Wir fragen:

P Wir planen:

R Wir rechnen:

A Wir antworten:

Lösung:
F: Wie viele Kilometer geht sie insgesamt?
R: 1 km + 3 km = 4 km (Hinweg)
2 · 4 km = 8 km (Gesamtstrecke)
A: Sie geht insgesamt 8 km.

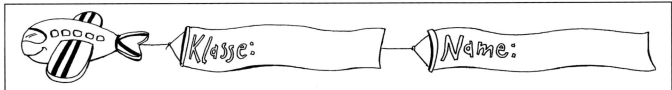

8. Auf Wanderschaft (3)
Anwendung der Größe Längen

Zum Projekt „Müll" wollen die Kinder der Klasse 3c im Stadtpark herumliegenden Abfall aufsammeln. Sie beginnen ihre Aktion beim Vogelgehege. Von dort aus sind es 250 m zum Goldfischteich. Die doppelte Strecke laufen sie bis zum Spielplatz. Der letzte Wegabschnitt bis zum Kiosk ist halb so lang wie die erste Strecke.

W Wir wissen:

Vogelgehege ⟶ Teich ⟶ Spielplatz ⟶ Kiosk

F Wir fragen:

Wie lang ist der Weg vom Vogelgehege zum Kiosk?

P Wir planen:

R Wir rechnen:

A Wir antworten:

Lösung:

R: 250 m *(Strecke 1)*
2 · 250 m = 500 m *(Strecke 2)*
250 m : 2 = 125 m *(Strecke 3)*
250 m + 500 m + 125 m = 875 m *(Gesamtstrecke)*

A: Der Weg vom Vogelgehege zum Kiosk beträgt 875 m.

Auf Wanderschaft (4)
Anwendung der Größe Längen

Kurz vor den Sommerferien schlägt Max einen Abschlussausflug vor: Vom Busparkplatz zur Picknickwiese wandern sie 2 km 300 m. Danach gehen sie 2 km 600 m zum Badeweiher. Von dort aus laufen sie zurück zur Schule. Insgesamt müssen sie 6 km 900 m wandern.

W Wir wissen:

F Wir fragen:

P Wir planen:

R Wir rechnen:

A Wir antworten:

Lösung:
F: Wie lang ist der Rückweg?
R: 2 km 300 m + 2 km 600 m = 4 km 900 m   (Hinweg)
6 km 900 m − 4 km 900 m = 2 km   (Rückweg)
A: Der Rückweg ist 2 km lang.

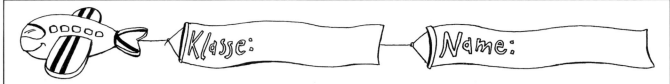

Auf Wanderschaft (5)
Anwendung der Größe Längen

Schneide die Aufgaben aus und klebe sie in dein Sachaufgabenheft. Rechne sie dort aus.

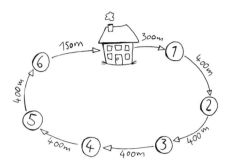

1. Im Schullandheim planen die älteren Viertklässler für die 3. Klasse eine Nachtwanderung mit 6 Stationen. Diese sind jeweils 400 m voneinander entfernt. Bis zur ersten Station laufen sie 300 m, von der 6. Station bis ins Schullandheim sind es noch 150 m.

2. Im Schullandheim Riedenburg legt die Klasse 3a alle Wege zu Fuß zurück. Am ersten Tag besucht sie Schloss Prunn (Hinweg 6,000 km), am zweiten Tag erlebt sie die Hammerschmiede (Hinweg 7,200 km) und am dritten Tag staunt sie in der Falknerei (Hinweg 2,750 km).
   F: Wie viele Kilometer sind die Kinder an den 3 Tagen insgesamt gegangen?

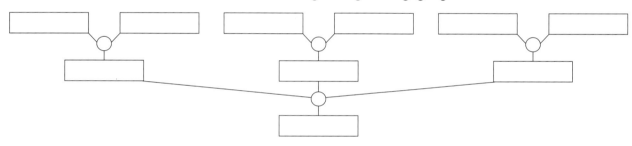

3. Lars und Eric radeln eine ganze Woche lang täglich ins Freibad. Der Hinweg beträgt 3 km.
   F: Wie viele Kilometer radeln sie insgesamt?

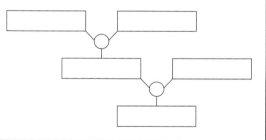

Lösung:

1. F: Wie weit geht sie insgesamt?
   R: 5 · 400 m = 2000 m   2000 m = 2 km   (Weg von Station 1–6)
   300 m + 2 km + 150 m = 2 km 450 m   (Gesamtstrecke)
   A: Sie geht insgesamt 2 km 450 m.

2. R: 6 km + 6 km = 12 km   (1. Tag)
   7,2 km + 7,2 km = 14,4 km   (2. Tag)
   2,75 km + 2,75 km = 5,5 km   (3. Tag)
   12 km + 14,4 km + 5,5 km = 31,9 km   (Gesamtstrecke)
   A: Sie sind insgesamt 31,9 km gegangen.

3. R: 3 km · 2 = 6 km   (Strecke am Tag)
   6 km · 7 = 42 km   (Strecke in der Woche)
   A: Sie radelten insgesamt 42 km.

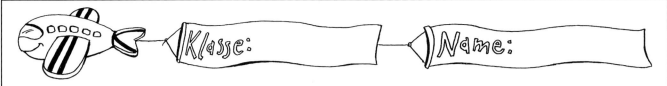

8. Auf Wanderschaft (6)
Anwendung der Größe Längen

Schneide die Aufgaben aus und klebe sie in dein Sachaufgabenheft. Rechne sie dort aus.

1. Im Zeltlager planen die Gruppenleiter einen Naturerlebnistag. Der Wanderweg ist von Station eins bis acht 4,900 km lang. In gleichen Abständen bauen sie 8 Stationen auf.
   F: Wie weit müssen sie von Station zu Station gehen?

2. Sebastian wandert mit der Pfadfindergruppe 3 Tage im Bayerischen Wald. Insgesamt legen sie genau 59 km zurück. Am Freitag zeigt Sebastians Meterzähler 18 km 465 m an. Am Samstag liest er 17 km 129 m ab. Etwas erschöpft staunt er am Sonntagabend nicht schlecht, welche Strecke sie heute hinter sich gebracht haben.

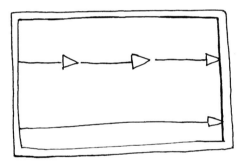

3. Die Pfadfindergruppe „Kleiner Marder" gestaltet einen Fitnesspfad mit den 3 Disziplinen Schwimmen, Klettern, Laufen. Sie hat dafür 40 Minuten Zeit. Die Schwimmstrecke ist 125 m lang und die Kletterstrecke 78 m. Die Länge der Laufstrecke ergibt sich aus der 4-fachen Schwimmstrecke und der 2-fachen Kletterstrecke.
   F: Wie viele km und m muss sie insgesamt zurücklegen?

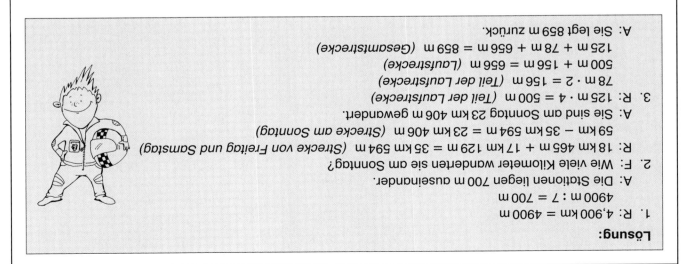

Lösung:

1. R: 4,900 km = 4900 m
   4900 m : 7 = 700 m
   A: Die Stationen liegen 700 m auseinander.

2. F: Wie viele Kilometer wanderten sie am Sonntag?
   R: 18 km 465 m + 17 km 129 m = 35 km 594 m (Strecke von Freitag und Samstag)
   59 km − 35 km 594 m = 23 km 406 m (Strecke am Sonntag)
   A: Sie sind am Sonntag 23 km 406 m gewandert.

3. R: 125 m · 4 = 500 m (Teil der Laufstrecke)
   78 m · 2 = 156 m (Teil der Laufstrecke)
   500 m + 156 m = 656 m (Laufstrecke)
   125 m + 78 m + 656 m = 859 m (Gesamtstrecke)
   A: Sie legt 859 m zurück.

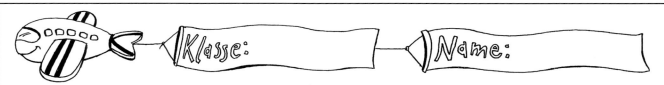

STOPP 4: Wir antworten

Schau dir die Regeln für eine gute Antwort sorgfältig an.

So sieht die richtige Antwort aus:
1. Ich antworte genau auf die Rechenfrage.
2. Meine Antwort ist ein vollständiger Satz.
3. Die Bezeichnungen (€, g, Uhrzeit …) dürfen nicht fehlen und müssen richtig sein.

Achtung! Immer eine der drei Regeln wurde falsch gemacht.
Schreibe die Ziffer der nicht beachteten Regel auf.

F: Wie viele Personen können mitfahren?
A: 3 Personen.   Fehler bei Regel Nr. ___

F: Wie viel Euro gibt sie aus?
A: Sie gibt 12 aus.   Fehler bei Regel Nr. ___

F: Wie viele km beträgt die Strecke?
A: Sie fahren nach Nürnberg.   Fehler bei Regel Nr. ___

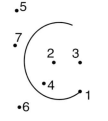

F: Wie viele Tonnen darf der LKW laden?
A: 12 lädt er.   Fehler bei Regel Nr. ___

F: Wie viele Semmeln kauft Timo?
A: Er kauft eine Tüte Semmeln.   Fehler bei Regel Nr. ___

F: Wie heißt die gesuchte Zahl?
A: 25.   Fehler bei Regel Nr. ___

F: Wie hoch sind bei jedem Gerät die Jahresstromkosten?
A: Die monatlichen Kosten betragen 53 €.   Fehler bei Regel Nr. ___

F: Wie lange braucht Sophie für den Heimweg?
A: 3 Stunden und 5 Minuten.   Fehler bei Regel Nr. ___

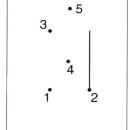

F: Wie lange braucht Fritz mit dem Zug von Regensburg nach Hamburg?
A: Er braucht 8 Uhr 20 Minuten nach Hamburg.   Fehler bei Regel Nr. ___

F: Wie viele Bögen Glanzpapier und wie viele Stoffbänder braucht Lisa?
A: Sie braucht 15 Stoffbänder.   Fehler bei Regel Nr. ___

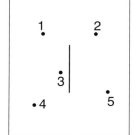

Verbinde deine notierten Ziffern der Reihe nach in den Zahlenbildern!
Die jeweils erste Ziffer ist die Startziffer in jedem Bild.

Schwere Maschinen (1)
Anwendung der Größe Gewichte

Ein Aufzug in einem Wohnhaus kann 400 kg tragen. Herr Forster wiegt 108 kg, seine Frau 73 kg, die Oma 69 kg, der Sohn Uwe 44 kg und die Tochter Stefanie 52 kg.

W Wir wissen:

F Wir fragen:
Darf die Familie ihre Urlaubskoffer zu insgesamt 82 kg noch in den Aufzug einladen?

P Wir planen:

R Wir rechnen:

A Wir antworten:

Lösung:

R: 108 kg + 73 kg + 69 kg + 44 kg + 52 kg = 346 kg (Gewicht der Personen)
400 kg − 346 kg = 54 kg (Gewicht, das noch befördert werden kann)
oder: 346 kg + 82 kg = 428 kg   428 kg > 400 kg

A: Nein, die Familie darf den Koffer nicht mit einladen.

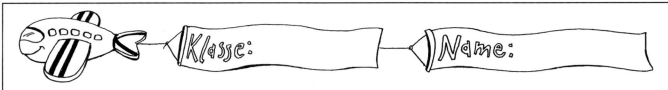

Schwere Maschinen (2)
Anwendung der Größe Gewichte

Auf dem Dach des Jeeps von Familie Forster dürfen maximal 42 kg befestigt werden. Sie wollen Folgendes aufladen: Das Schlauchboot wiegt von den 42 kg den dritten Teil, das Zelt bringt den 6. Teil davon auf die Waage, das Gewicht der Camping-Box beträgt 13 kg und die beiden Ruder wiegen je 4 kg.

W Wir wissen:

F Wir fragen:

P Wir planen:

R Wir rechnen:

A Wir antworten:

Lösung:

F: Kann sie alles aufladen?
R: 42 kg : 3 = 14 kg (Schlauchboot)
42 kg : 6 = 7 kg (Zelt)
2 · 4 kg = 8 kg (Ruder)
14 kg + 7 kg + 13 kg + 8 kg = 42 kg (Gesamtgewicht)
A: Ja, sie kann alles aufladen.

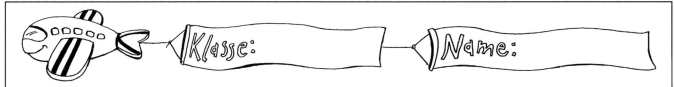

Schwere Maschinen (3)
Anwendung der Größe Gewichte

Unruhig steht Uwe bei der Gepäckaufgabe am Flughafen. Sein Koffer wiegt 18,4 kg. Seinen Rucksack (Leergewicht 180 g) hat er mit einem Fotoapparat (800 g), einem Spiel (560 g) und einem CD-Player (280 g) bepackt. Jeder Flugreisende darf 20 kg Gepäck aufgeben.

W Wir wissen:

F Wir fragen:

Muss er etwas aus dem Rucksack zum Gepäck seiner Schwester geben, damit er den Rucksack mit aufgeben kann?

P Wir planen:

R Wir rechnen:

A Wir antworten:

Lösung:

R: 180 g + 800 g + 560 g + 280 g = 1820 g   1820 g = 1,820 kg (Rucksack)
18,400 kg + 1,820 kg = 20,220 kg (Gepäck)
20,220 kg − 20,000 kg = 0,220 kg   0,220 kg = 220 g (Übergewicht)
A: Er hat 220 g zu viel und muss deshalb seiner Schwester etwas abgeben.

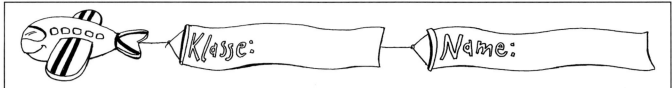

 ## Schwere Maschinen (4)
Anwendung der Größe Gewichte

Deine bepackte Schultasche soll nicht mehr als den zehnten Teil deines Körpergewichts wiegen! Tanja und Michael stellen ihre Taschen gemeinsam auf die Waage, sie zeigt 7 kg 400 g an. Michaels Körpergewicht beträgt 42 kg. Seine Schultasche wiegt sogar noch 800 g weniger als der zehnte Teil seines Körpergewichts.

W Wir wissen:

F Wir fragen:

Was wiegt Tanjas Tasche?

P Wir planen:

R Wir rechnen:

A Wir antworten:

Lösung:

R: 42 kg = 42000 g   42000 g : 10 = 4200 g
4200 g − 800 g = 3400 g (Michaels Schultasche)
7 kg 400 g − 3 kg 400 g = 4 kg (Tanjas Schultasche)
A: Tanjas Schultasche wiegt 4 kg.

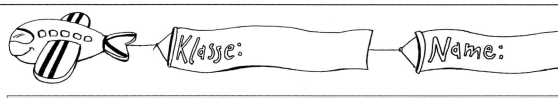

Schwere Maschinen (5)
Anwendung der Größe Gewichte

 Schneide die Aufgaben aus und klebe sie in dein Sachaufgabenheft. Rechne sie dort aus.

1. Im Unterricht testen die Kinder die Balkenwaage. Auf die linke Seite legen sie einen Dosenspitzer (80 g), einen Füller (120 g), fünf Filzstifte zu je 20 g und einen Radiergummi. Auf die rechte Seite stellen sie drei Gewichte zu je 50 g, eines zu 100 g, vier zu je 20 g, eines zu 10 g und eines zu 5 g. Jetzt ist die Waage im Gleichgewicht.

2. Beim Klassenausflug müssen die Kinder einen Fluss mit einer schmalen Holzbrücke überqueren. Auf der Brückentafel steht: Maximale Traglast 420 kg.
Jedes Kind wiegt durchschnittlich 30 kg. Die 28 Kinder gehen in Gruppen über die Brücke, um sie nicht zu überlasten.
F: Wie viele Kinder dürfen maximal in der Gruppe sein?

3. Der Kartoffelbauer belädt seinen Anhänger. 8 t darf er aufladen. Er hat bereits Kartoffelsäcke mit einem Gewicht von insgesamt 5 t darauf liegen. Für kleinere Haushalte nimmt er noch so viele 50-kg-Säcke mit wie möglich.

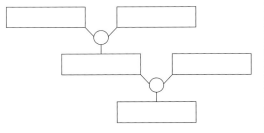

Lösung:

1. F: Welches Gewicht hat der Radiergummi?
R: 3 · 50 g = 150 g   4 · 20 g = 80 g   5 · 20 g = 100 g
150 g + 100 g + 80 g + 10 g + 5 g = 345 g (rechte Seite)
80 g + 120 g + 100 g = 300 g (linke Seite)
345 g − 300 g = 45 g (Radiergummi)
A: Der Radiergummi wiegt 45 g.

2. R: 420 kg : 30 kg = 14
A: 14 Kinder dürfen in der Gruppe sein.

3. F: Wie viele 50-kg-Säcke Kartoffeln lädt der Bauer ein?
R: 8 t − 5 t = 3 t   3 t = 3000 kg (erlaubtes Restgewicht)
3000 kg : 50 kg = 60 (Anzahl der 50-kg-Säcke)
A: Er lädt 60 Säcke auf.

Schwere Maschinen (6)
Anwendung der Größe Gewichte

Schneide die Aufgaben aus und klebe sie in dein Sachaufgabenheft. Rechne sie dort aus.

100 l wiegen 100 kg!

1. Für ein Kinderbürgerfest lädt die Brauerei Fässer mit Limonade auf den LKW. 30 Fässer zu je 100 l sind aufgeschlichtet. Der LKW hat 20 Tonnen Leergewicht.
   F: Wie viele Tonnen zeigt die LKW-Waage bei der Ausfahrt aus der Brauerei an?

2. Ein 200-Tonnen-Autokran mit Ballast kann auf einmal Betonplatten mit insgesamt 45 t Gewicht heben. Für den Bau einer Brücke liegen schon viele Platten bereit. Die kürzeren Platten wiegen 4000 kg, die längeren 5000 kg. Für die Verarbeitung muss der Kran gleich viele Platten von jeder Größe aufladen.
   F: Wie viele Platten kann der Kran maximal heben?

3. Ein Müllwagen lädt pro Fahrt 8 t Restmüll ein. Von Montag bis Donnerstag wird das Auto je zweimal gefüllt, am Freitag jedoch nur einmal.
   F: Wie viele Tonnen Restmüll lädt der LKW in einer Arbeitswoche an der Mülldeponie ab?

Mo ⟶
Di ⟶
Mi ⟶
Do ⟶
Fr ⟶

Lösung:

1. R: 30 · 100 kg = 3000 kg   3000 kg = 3 t (Fässer)
   3 t + 20 t = 23 t (beladener LKW)
   A: Die LKW-Waage zeigt 23 t Gewicht an.

2. R: 4000 kg + 5000 kg = 9000 kg   9000 kg = 9 t
   45 t : 9 t = 5
   A: Von jeder Plattengröße hebt der Kran 5 Stück.

3. R: 8 t · 2 = 16 t (Müllmenge pro Tag von Mo bis Do)
   16 t · 4 = 64 t (Müllmenge von Mo bis Do)
   64 t + 8 t = 72 t (Müllmenge in der Arbeitswoche)
   A: Der LKW lädt 72 t Müll an der Mülldeponie ab.

10. Bei der Feuerwehr (1)
Anwendung der Größe Zeit

Die Feuerwehr Amberg bekommt um 15.50 Uhr die Meldung: Eine Wohnung brennt! Bereits um 16.15 Uhr ist sie nach getaner Arbeit wieder zurück im Feuerwehrhaus.

W Wir wissen:

F Wir fragen:

Wie lange hat sie insgesamt für die Hin- und Rückfahrt sowie die Lösch- und Aufräumarbeiten gebraucht?

P Wir planen:

> Für die Sachaufgaben mit Zeiten genügt es, wenn du dir die Zeiten im Text unterstreichst.

R Wir rechnen:

15.50 Uhr ⟶ 16.15 Uhr

A Wir antworten:

Lösung:

R: 0 h 25 Min.
15.50 Uhr ⟵ 16.15 Uhr
A: Sie hat für die Fahrt und ihre Arbeit 25 Minuten gebraucht.

10. Bei der Feuerwehr (2)
Anwendung der Größe Zeit

13.47 Uhr: Folgende Meldung erreicht die Feuerwehr: Ein Wohnhaus brennt. 2 Minuten später erreicht der Kommandant mit dem Auto die Brandstelle. Nach weiteren 5 Minuten fährt der erste Löschzug vor. Es vergehen ab jetzt 17 Minuten bis eine zweite Mannschaft zur Unterstützung anrückt.

 Wir wissen: Zeitspanne

 Wir fragen:

Zu welcher Zeit löscht die komplette Mannschaft?

 Wir planen:

> Für die Sachaufgaben mit Zeiten genügt es, wenn du dir die Zeiten im Text unterstreichst.

 Wir rechnen:

_____ + _____ + _____ = _____ Min.

_____ Min.

_____ Uhr ⟶ _____ Uhr

A Wir antworten:

___

Lösung:

R: 2 Min. + 5 Min. + 17 Min. = 24 Min.

13.47 Uhr ⟶ 24 Min. ⟶ 14.11 Uhr

A: Ab 14.11 Uhr löscht die komplette Mannschaft.

10. Bei der Feuerwehr (3)
Anwendung der Größe Zeit

Im März brannte ein Brauereigebäude mitten in der Altstadt. Mit zwei Feuerwehren konnte der Brand um 6.25 Uhr unter Kontrolle gebracht werden. Vom Zeitpunkt der Brandmeldung waren 1 Stunde und 10 Minuten vergangen.

W Wir wissen:

F Wir fragen:

P Wir planen:

> Für die Sachaufgaben mit Zeiten genügt es, wenn du dir die Zeiten im Text unterstreichst.

R Wir rechnen:

_____ Uhr ⟶ _____ Uhr

A Wir antworten:

Lösung:

F: Zu welcher Uhrzeit erhielt die Feuerwehr die Brandmeldung?

R: 5.15 Uhr —1 h 10 Min.→ 6.25 Uhr

A: Die Brandmeldung ging um 5.15 Uhr bei der Feuerwehr ein.

Bei der Feuerwehr (4)
Anwendung der Größe Zeit

An einem heißen Sommertag brannte das Lager einer Kunststofffabrik. Um 13.28 Uhr erhielt die Feuerwehr die Brandmeldung. Unter Kontrolle war das Feuer um 14.15 Uhr. Bis 16.00 Uhr musste sie noch nachlöschen. Von 16.00 Uhr bis 23.54 Uhr musste die Brandstelle von der Feuerwehr bewacht werden.

W Wir wissen:

F Wir fragen:
Wie lange arbeitete die Feuerwehr?

P Wir planen:

> Für die Sachaufgaben mit Zeiten genügt es, wenn du dir die Zeiten im Text unterstreichst.

R Wir rechnen:

_____ Uhr ⟶ _____ Uhr

A Wir antworten:

Lösung:
R: 13.28 Uhr ⟶ 23.54 Uhr   10 h 26 Min.
A: Die Feuerwehr arbeitete 10 Stunden und 26 Minuten.

Bei der Feuerwehr (5)
Anwendung der Größe Zeit

Schneide die Aufgaben aus und klebe sie in dein Sachaufgabenheft. Rechne sie dort aus.

1. Nach einem starken Gewitter mit sintflutartigen Regenfällen muss die Feuerwehr mehrere Keller in nächster Umgebung auspumpen. Sie fährt um 18.49 Uhr mit dem Spezialfahrzeug weg. Nach 11 Einsätzen ist sie um 20.28 Uhr wieder zurück.
   F: Wie lange braucht sie durchschnittlich für einen Einsatz?

2. Feuerwehrmann Löschwitz hat im Monat Mai viele Termine. An vier Dienstagen nimmt er von 19.45 Uhr bis 21.05 Uhr an Feuerwehrübungen teil. Für die Fahnenbegleitung bei der Fronleichnamsprozession muss er sich von 7.55 Uhr bis 11.29 Uhr Zeit nehmen. Zweimal im Monat leitet er als Ausbilder der Jugend jeweils für 1 Stunde 45 Minuten den Unterricht.
   a) F: Wie viel Zeit verwendet er für die Feuerwehr im Monat Mai?
   b) F: Wie viele Stunden und Minuten sind das durchschnittlich in der Woche?

3. Nach einem LKW-Unfall auf der Autobahn ist die Feuerwehr sofort um 9.53 Uhr zur Stelle. Nach 9 Minuten sind Fahrer und Beifahrer gerettet. Für die nun folgenden Lösch- und Brandschutzarbeiten braucht sie 38 Minuten. Das Aufräumen dauert weitere 30 Minuten.
   a) F: Zu welcher Uhrzeit sind die Personen in Sicherheit?
   b) F: Zu welcher Uhrzeit kann die Autobahn für den Verkehr wieder freigegeben werden?

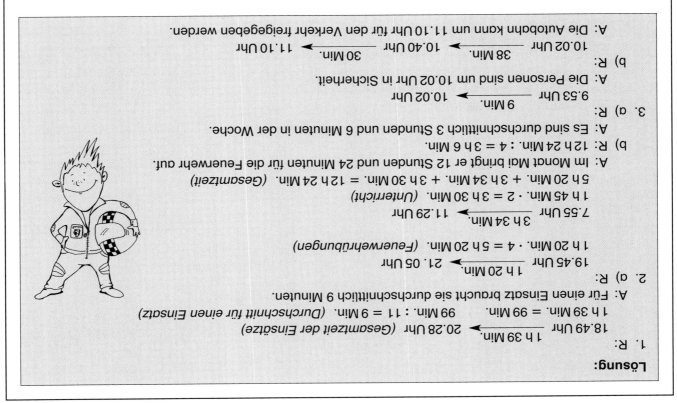

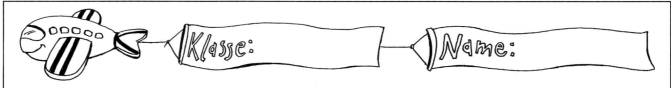

Bei der Feuerwehr (6)
Anwendung der Größe Zeit

Schneide die Aufgaben aus und klebe sie in dein Sachaufgabenheft. Rechne sie dort aus.

1. Um 6.48 Uhr erhielt die Feuerwehr Weiden die Meldung: Verkehrsunfall mit einer Person auf der Bundesstraße. Zwei Fahrzeuge mit je 10 Mann rückten aus. Der Rettungsdienst kümmerte sich sofort um die Person. Die Brandschutzmaßnahmen vor Ort waren um 7.12 Uhr abgeschlossen. Mit der Bergung im Anschluss war die Feuerwehr noch 27 Minuten beschäftigt.
   F: Wann verließ die Feuerwehr die Unfallstelle?

2. Um 17.22 Uhr erreichte die Feuerwehr eine Meldung über einen Dachstuhlbrand. Ein Kind hatte auf dem Dachboden gezündelt. Der umfassende Löschangriff dauerte bis 19.48 Uhr. 1 Std. 47 Min. zogen sich die anschließenden Aufräumarbeiten noch hin. Danach blieben zwei Feuerwehrmänner 2 Std. 24 Min. vor Ort, bis sie endgültig den Einsatzort verlassen konnten.
   F: Wie lange dauerte der komplette Einsatz?

3. Die Freiwillige Feuerwehr der Stadt Weiden (ungefähr 42 000 Einwohner) verbrachte im letzten Vierteljahr 584 Stunden mit Einsätzen. Davon verwendete sie 139 Stunden für Brandeinsätze und 309 Stunden für technische Hilfeleistungen. Leider musste sie sich die restliche Zeit mit Fehlalarmierungen sinnlos beschäftigen.

Lösung:

1. R: 7.12 Uhr — 27 Min. → 7.39 Uhr
   A: Um 7.39 Uhr verließ die Feuerwehr die Unfallstelle.

2. R: 17.22 Uhr — 2 h 26 Min. → 19.48 Uhr
   2 h 26 Min. + 1 h 47 Min. + 2 h 24 Min. = 6 h 37 Min.
   A: Der komplette Einsatz dauerte 6 Stunden und 37 Minuten.

3. F: Wie viele Stunden verbrachte die Freiwillige Feuerwehr mit den Fehlalarmierungen?
   R: 584 h – 139 h – 309 h = 136 h
   A: Sie verbrachte 136 Stunden mit Fehlalarmierungen.

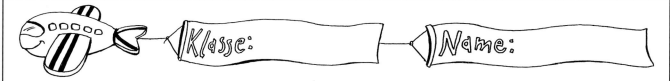

Auf dem Weg zur Meisterschaft (1)
Bunt gemischte Sachaufgaben

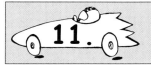

Schneide die Aufgaben aus und klebe sie in dein Sachaufgabenheft. Rechne sie dort aus.

1. Dominik möchte sich ein neues Fahrrad kaufen. Es kostet 485 Euro. Opa und Oma schenken ihm jeweils 75 Euro. Auf seinem Sparbuch hat Dominik 235 Euro. Die Eltern wollen ihm die Hälfte des restlichen Kaufpreises bezahlen. Die andere Hälfte soll Dominik in 10 monatlichen Raten von seinem Taschengeld bezahlen.

2. Ein heißer Sommertag. Tamina darf ihr Planschbecken füllen. Es fasst 300 Liter. Die Hälfte davon lässt sie aus dem Wasserschlauch einlaufen. Für den Rest wollen sie und ihr kleiner Bruder warmes Leitungswasser von drinnen verwenden. Leon läuft mit seiner 2-Liter-Gießkanne 10-mal zum Becken. Die Schwester ergänzt den Rest mit einem 5-Liter-Eimer.

3. Lisa geht mit ihren Freundinnen ins Freibad. Mutti gibt ihr für den ganzen Tag 10 Euro mit. An der Kasse zahlt sie 2,50 Euro Eintritt. Mittags kauft sie sich Pommes zu 1,80 Euro und eine Dose Apfelschorle zu 79 Cent. Ein kühles Eis zu 2,25 Euro gönnt sie sich am Nachmittag. Am Kiosk entdeckt sie einen Handventilator mit Liebesperlen gefüllt und kauft ihn. 16 Cent bringt sie wieder mit nach Hause.

Lösung:

1. F: Wie hoch ist eine monatliche Rate?
   R: 75 € · 2 = 150 € (Geldgeschenk von Oma und Opa)
   150 € + 235 € = 385 € (Ersparnisse insgesamt)
   485 € − 385 € = 100 € (restlicher Kaufpreis)
   100 € : 2 = 50 € (restlicher Kaufpreis, den die Eltern übernehmen)
   50 € : 10 = 5 € (eine Rate des restlichen Kaufpreises, den Dominik übernehmen muss)
   A: Eine monatliche Rate beträgt 5 €.

2. F: Wie oft füllt Tamina den Eimer?
   R: 300 l : 2 = 150 l (Wasser aus dem Wasserschlauch)
   2 l · 10 = 20 l (Wasser von Leon)
   150 l − 20 l = 130 l (Wasser von Tamina)
   130 l : 5 l = 26 (Anzahl der Eimer mit Wasser, die Tamina bringt)
   A: Tamina füllt den Eimer 26-mal.

3. F: Wie viel Geld kostet der Handventilator?
   R: 2,50 € + 1,80 € + 0,79 € + 2,25 € = 7,34 € (Ausgaben ohne Ventilator)
   10,00 € − 7,34 € = 2,66 € (Handventilator + Restgeld)
   2,66 € − 0,16 € = 2,50 € (Handventilator)
   A: Der Handventilator kostet 2,50 €.

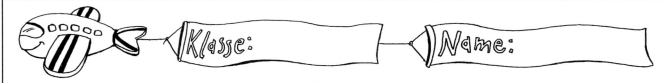

Auf dem Weg zur Meisterschaft (2)
Bunt gemischte Sachaufgaben

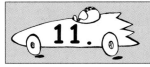

Schneide die Aufgaben aus und klebe sie in dein Sachaufgabenheft. Rechne sie dort aus.

1. Vier Freunde vergleichen ihr Gewicht. Gesucht werden das leichteste und das schwerste Kind.
   Rosalie: „Ich wiege 7 kg weniger als Tom."
   Leon: „Mein Gewicht beträgt das Fünffache von 7 kg."
   Franzi: „Meine Waage zeigt den vierten Teil von 120 kg an."
   Tom: „Ich wiege 3 kg mehr als Leon."

2. Die Klasse 3b möchte für ihren Unterrichtsgang an den Weiher Kescher bauen. 6 Gruppen stellen je einen Kescher her. Die beiden Klassensprecher erhalten von der Lehrerin eine Einkaufsliste.
   Einkaufsliste für einen Kescher:
   30 cm Gardinenstoff (40 cm breit)   50 cm Draht
   55 cm Holzstab   20 cm Klebeband
   F: Wie viele Meter und Zentimeter Gardinenstoff, Draht, Holz und Klebeband müssen sie für die Klasse besorgen?

3. Simon spart ein ganzes Jahr lang fleißig sein Taschengeld. Von seinen Eltern bekommt er jeden Monat 8 €, die Oma gibt ihm einmal in der Woche 1,50 €.

   Tipp: Addiere, wenn du große Zahlen noch nicht multiplizieren kannst!

   F: a) Wie viel Taschengeld kann er insgesamt jeden Monat in sein Sparschwein werfen?
   b) Wie viel Geld kann Simon in einem Jahr ansparen?
   c) Der Junge spart noch ein halbes Jahr weiter. Nun kauft er sich nach eineinhalb Jahren Ansparung ein schickes neues Fußballgewand mit Schuhen zu insgesamt 177 €. Wie viel Geld bleibt in dem Sparschwein zurück?

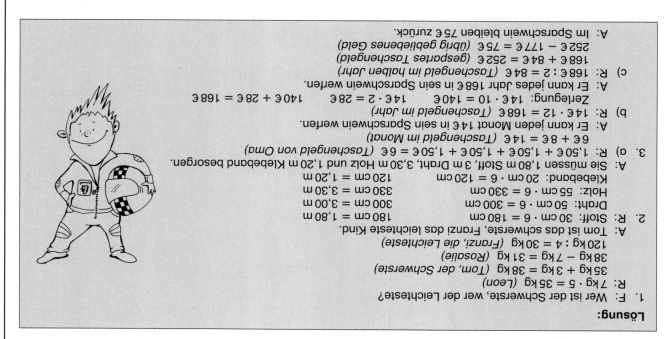

Mathematik für schlaue Köpfe!

J. Peter Böhmer
Mathe-Ass
Materialien für leistungsstarke Kinder in der Grundschule

▸ Die optimale Förderung für kleine Mathegenies – Ideal zu Differenzierung!

Manche Kinder erbringen gerade im Fach Mathematik erstaunliche Leistungen. Dieser Band enthält vielseitige und abwechslungsreiche Übungen zur **individuellen Förderung** leistungsstarker und hochbegabter Kinder im Alter von 8–10 Jahren. Ihre Schüler/-innen berechnen mit den Materialien räumliche sowie zeitliche Distanzen, knobeln mit magischen Quadraten und werden an anspruchsvolle Gleichungen herangeführt. Sie trainieren problemlösendes Denken, arithmetisches und geometrisches Verständnis und das selbstständige Erkennen mathematischer Gesetzmäßigkeiten. Kopiervorlagen mit Lösungen und didaktisch-methodischen Hinweisen.

60 S., DIN A4, kart.
Best.-Nr. **4238**

Caroline Finster / Bernd Riemke
Logicals für Kinder
Knifflige Denksportaufgaben
3.–6. Klasse

▸ Rätseln, tüfteln, kombinieren – und dabei logisches, problemlösendes Denken trainieren.

Mit den **42 Logicals** kommen Ihre Schüler/-innen schnell auf den Geschmack. Sie bieten zu lebensnahen Sachthemen eine Fülle von Informationen, aus denen die Kinder die relevanten Teile systematisch herausfiltern. Diese tragen sie in einer Tabelle ein, in der sich die Hinweise Schritt für Schritt zu einer Lösung zusammenfügen. Die Übungen sind in **drei Schwierigkeitsstufen** unterteilt. Die Kopiervorlagen sind ideal für einen **fächerübergreifenden Unterrichtsansatz** und für Vertretungsstunden geeignet. Die Schülerinnen und Schüler trainieren mit den Logicals nicht nur sinnentnehmendes Lesen, sondern auch Ausdauer und Konzentration.

72 S., DIN A4, kart.
Best.-Nr. **4555**

Mike Wilkinson
Denksportaufgaben aus dem Alltag
Mathe aktiv für die 3./4. Jahrgangsstufe

▸ Lebensnahe Rechenaufgaben zur Wiederholung!

Dass Mathematik nicht öde und langweilig sein muss, beweist dieser Band mit vielen pfiffigen Aufgaben zu **allen Grundrechenarten**, die die Schülerinnen und Schüler eigenständig bearbeiten. Durch ein Vier-Schritte-System (Verstehen – Planen – Lösen – Festigen) führen Sie die Kinder an die Aufgabe heran. Zunächst wird mit Hilfe gezielter Fragestellungen überprüft, ob die Problemstellung verstanden wurde. Danach werden Lösungsstrategien gesucht und erst jetzt lösen die Schüler/-innen das Problem. Abschließend wird das Gelernte durch eine Zusatzübung nochmals gesichert. Ausführliche Lösungsblätter helfen Ihnen dabei, die Ergebnisse schnell zu überprüfen. Die Kinder eignen sich mit diesem Vorgehen eine systematische Herangehensweise an Matheaufgaben an.

160 S., DIN A4, kart.
Best.-Nr. **4095**

Auer BESTELLCOUPON

Ja, bitte senden Sie mir/uns

___ Expl. J. Peter Böhmer
Mathe-Ass   Best.-Nr. **4238**

___ Expl. Caroline Finster / Bernd Riemke
Logicals für Kinder   Best.-Nr. **4555**

___ Expl. Mike Wilkinson
Denksportaufgaben aus dem Alltag   Best.-Nr. **4095**

mit Rechnung zu.

Bitte kopieren und einsenden an:

**Auer Versandbuchhandlung
Postfach 11 52
86601 Donauwörth**

Meine Anschrift lautet:

_____
Name/Vorname

_____
Straße

_____
PLZ/Ort

_____
E-Mail

_____
Datum/Unterschrift

Bequem bestellen direkt bei uns!
Telefon: 01 80 / 5 34 36 17
Fax: 09 06 / 7 31 78
E-Mail: info@auer-verlag.de

Kopiervorlagen und Materialien für Ihren Unterricht!

Matheübungen, die Spaß machen!

Kopiervorlagen und Materialien für Ihren Unterricht!

Lars Kreft
Lernbuffet „Gewichte"
Förderung von realistischen Grundvorstellungen im Mathematikunterricht der 4. Klasse
Mit Kopiervorlagen

▶ Grundvorstellungen von Gewichten spielerisch und selbsttätig vertiefen!

Die Unterrichtshilfe ist als „Lernbuffet" mit vielfältigen handlungsorientierten Aufgaben konzipiert. Alle zehn „Gerichte" haben einen Bezug zur Lebenswirklichkeit der Kinder und wurden in der Praxis erprobt. Didaktische und methodische Tipps ergänzen das Angebot.

72 S., DIN A4, kart.
Best.-Nr. **4440**

Angelika Rehm / Dieter Rehm
Sachrechnen mit Bildern und Geschichten
Kopiervorlagen für die 1. und 2. Klasse

▶ Mit Bildern und Geschichten aus dem Alltag werden die Kinder spielerisch an das Lösen mathematischer Aufgaben herangeführt.

Sie lernen schnell, dass der **Alltag voller Rechenaufgaben** steckt, zum Beispiel im Gemüsegarten, im Zoo oder auf dem Bahnhof. Die Geschichten und Bilder bieten interessante Sprechanlässe, sodass die Kinder gemeinsam Lösungsstrategien entwickeln können.

96 S., DIN A4, kart.
Best.-Nr. **4371**

Marco Bettner / Erik Dinges
Mathe an Stationen
Handlungsorientierte Materialien zu den Kernthemen der Klassen 3 und 4
Mit Kopiervorlagen

Kernthemen der 3. und 4. Klasse aktiv erarbeiten! Zu **5 Themenblöcken** bieten die Bände jeweils ein Stationentraining mit vielen praktischen Kopiervorlagen. Die Kinder können damit ihre mathematischen Kenntnisse selbstständig und im eigenen Lerntempo trainieren und festigen. So ist Differenzierung ohne großen Aufwand möglich.

Klasse 3
80 S., DIN A4, kart.
Best.-Nr. **4768**

Klasse 4
80 S., DIN A4, kart.
Best.-Nr. **4708**

Auer BESTELLCOUPON

Ja, bitte senden Sie mir/uns

____ Expl. Lars Kreft
Lernbuffet „Gewichte" Best.-Nr. **4440**

____ Expl. Angelika Rehm / Dieter Rehm
Sachrechnen mit Bildern und Geschichten Best.-Nr. **4371**

Marco Bettner / Erik Dinges
____ Expl. Mathe an Stationen – Klasse 3 Best.-Nr. **4768**
____ Expl. Mathe an Stationen – Klasse 4 Best.-Nr. **4708**

mit Rechnung zu.

Bitte kopieren und einsenden an:

**Auer Versandbuchhandlung
Postfach 11 52
86601 Donauwörth**

Meine Anschrift lautet:

_____
Name/Vorname

_____
Straße

_____
PLZ/Ort

_____
E-Mail

_____
Datum/Unterschrift

Bequem bestellen direkt bei uns!
Telefon: 01 80/5 34 36 17
Fax: 09 06/7 31 78
E-Mail: info@auer-verlag.de